Bahía Blanca, tu
2006

¡ Felicitaciones !

Te queremos mucho

Bebo

DIARIO INTERIOR DE RENÉ FAVALORO

Diseño de tapa: María L. de Chimondeguy/Isabel Rodrigué

CARLOS PENELAS

DIARIO INTERIOR
DE RENÉ FAVALORO

EDITORIAL SUDAMERICANA
BUENOS AIRES

IMPRESO EN LA ARGENTINA

*Queda hecho el depósito
que previene la ley 11.723.*
© *2003, Editorial Sudamericana S.A.®
Humberto I 531, Buenos Aires.*

www.edsudamericana.com.ar

ISBN 950-07-2395-6

*A Emiliano, mi hijo mayor
—cuya solidez intelectual va de la mano con su modestia—,
porque transcribió el manuscrito,
analizó el texto aportando sugerencias inestimables
y compartió mi dolor y mi gozo.*

PRÓLOGO

El lenguaje, antes que un objeto, es un ser.

MERLEAU-PONTY

Heredé de mi padre la amistad y el culto del Siglo de Oro español, la lírica gallega y las páginas insurrectas de Proudhon. Además de la solidaridad y el fuego interior. La sociedad argentina está impregnada hasta el hartazgo de ambigüedad y de mistificación. Un país donde la ficción generó populismo, asonadas militares, ignominia, desaparecidos, discursos anodinos, corrupción, apatía. Esto, entre otras cosas, explica su deterioro. La calidad humana —en este territorio— no se eleva; por el contrario, propende en forma acelerada a su descomposición.

No registraré en estas páginas la angustia ni el dolor que me produjo el suicidio del entrañable doctor Favaloro. Ni los lugares comunes en que suelen caer los medios masivos de comunicación desde su fragilidad estatuaria. Intentaré recrear, repensar y descubrir ciertas zonas íntimas. Una parábola propia, conservando lo esencial, el menor ornamento que pueda concebirse. Así él fue construyendo su vida. Y aportar datos desde lo cotidiano, quiero decir desde la frecuentación. Iré evocando los fantasmas y climas que poco a poco sellaron la amistad. Intentaré resumir sensaciones, universos casi oníricos para que desde lo más profundo intentemos comprender un sendero interior, un dramático destino. Escribí dramático, y no trágico.

La presencia del doctor René Favaloro en mi vida —es casi innecesario aclararlo— cambió el rumbo de ésta. Su generosidad, su comprensión y espíritu paternal gravitaron de manera decisiva. Su intensa actividad se reflejaba en todo: afecto, emociones, desesperanza, odios. Un ser apasionado y pasional es así, desborda. Equivalente es lo poético.

Enrico Malatesta decía que sólo aquello que le pasaba al hombre por el corazón tenía trascendencia, pues lo que se racionalizaba a través del intelecto, del cerebro, era siempre cambiante y pasajero. Lo del corazón no. Sin embargo resulta arriesgado atribuir fidelidad a la emoción. Este riesgo se agrava al compulsar y resumir más de veinte años de vivencias, de trabajo, de proyectos.

Una confesión. Desde su muerte lo he soñado una o dos veces por semana. Más fácil aún. Ha regresado muchas veces con mi padre. Hubo noches en que los dos me hablaron en ese universo de druidas y símbolos. La magia celta y el paganismo siciliano tocaban la fragilidad de las profecías. El misterio —sorprende siempre—

conjetura vicisitudes, la imperdonable distracción de aquellos que sienten la inmortalidad.

Estas páginas son sólo una devoción de algo más hondo, más profundo de lo que conmueve en este infausto territorio.

CARLOS PENELAS
Buenos Aires, marzo de 2003

El arte es todo lo contrario de las ideas generales;
sólo describe lo individual, sólo propende a lo único.
En vez de clasificar, desclasifica.

MARCEL SCHWOB

Opino, con Schopenhauer, que una de las motivaciones
más fuertes que conducen al hombre al arte y a la ciencia
es la de escapar de la vida cotidiana
con su dolorosa tosquedad y sombría desesperanza,
escapar de los grillos y cadenas
de nuestras propias aspiraciones cotidianas...
Un carácter bien y finamente templado
añora escapar de su vida personal para entrar en el mundo
de la percepción objetiva y del pensamiento.

ALBERT EINSTEIN

Vuelco en el papel y hago público lo que generalmente sólo se dice en el secreto murmullo, a media voz, como las pequeñas naderías de la vida literaria, conocida por todos y al mismo tiempo censurada. Suspendo el vínculo de complacencia indulgente que entablan unos y otros, a título de revancha, y que constituye el fundamento ordinario de la vida social.

Escribir *desde el otro*, desde el fluir de los sueños y confidencias, es arriesgarse a parecer grosero, indecente, alguien que pretende reunir simples anécdotas malévolas en un discurso supuestamente digno y complejo o, lo que es peor, un entregador.

En términos más universales, Favaloro intentó por momentos, en la intimidad, denunciar a los dueños del monopolio de la objetivación pública. Reveló el poder, y el abuso del poder, haciendo volver ese poder contra aquel que lo ejerce, simplemente por una estrategia de mostración. Enseñó el poder científico enfrentándolo con el poder que la ciencia médica ejerce cotidianamente contra cada uno de nosotros. Detrás, la industria que él necesitaba y maldecía, esa industria que posee el monopolio de la difamación legítima. Aliada a los políticos de turno, al periodismo de investigación y al otro. Una paradoja de base: profesiones poderosas compuestas por individuos frágiles. Mentecatos que se quiebran en sus carreras y también en sus conciencias. Y otra paradoja: se vuelven peligrosos, terminan transfiriendo su dolor hacia fuera, bajo la forma de la violencia o el menosprecio.

Uno de los emblemas de Favaloro fue ofrecerse como una suerte de arquetipo, de manual del combatiente contra la dominación simbólica. Pero estaba muy cercano al poder. De allí su lucha, su contradicción, su deseo de destruir y de hacer, de acusar y de actuar, de rodearse en el mismo poder, donde los hombres manipulan las estructuras cognitivas. No resulta nada fácil —en verdad es imposible— enseñar técnicas o normas o lecturas en el ámbito prostibulario. Quiso desenmascarar sin los espacios históricos necesarios. Por eso reúne la *provocación* para tornar visible aquello que sólo la intuición o el conocimiento permite presentir. Por eso queda solo. A sus allegados más próximos, en los que él confiaba, les interesaban el bienestar, el *establishment*, el poder. Trágicamente construyeron lo contrario, las sumisiones y los conformismos ordinarios. Él descubre entre sus allegados, más que nunca sobre el final, el oportunismo de cada uno de ellos. Siente que todo puede simularse —él no escapa a esta situación—, incluso el vanguardismo y la transgresión. Los científicos y médicos que René Favaloro parodia en sus breves y hondas confesiones son el conformismo del anticonformismo, el academicismo

16

del antiacademicismo. Siente y mastica la astucia, la perversidad, la envidia. Detecta que introducen a sus espaldas trucos cínicos. Y entonces denuncia los beneficios intelectuales ligados a los mecanismos de la economía, del poder social, de la representación, de los intercambios. Pero él es eje de esa perspectiva dentro de un universo que se parece mucho a lo que desea destruir. Lo notable, ahora sí, lo dramático, es que es un médico a la antigua, formado a la antigua, que se siente amenazado por los nuevos tiempos, por la nueva corrupción e hipocresía cotidianas. Siente que sus colegas son la encarnación de la sumisión al mercado que él mismo impulsó. Por eso denuesta a burócratas, presidentes de pacotilla, sellos de goma de institutos sumisos y entregados al negocio sucio y vil. En esa batalla descubre poco a poco que él mismo es parte de esa coyuntura histórica. Intentando revelar, develar y desenmascarar al otro se descubre en el espejo.

Nuestro problema es cultural y ético. Es el sistema el que no da más. Todo se agotó. La creatividad para enfrentar la crisis. Siempre admiré en él su energía ejecutoria. Desconfiaba del despotismo burocrático, no tenía confianza en la gestión de los gobiernos. Buscaba hombres ideales, a su medida, a la de su esfuerzo. Por eso su afecto por los agricultores, los chacareros, por los seres humildes, desdichados. No por los representantes de las sociedades que planifican el robo y el saqueo. Recuerdo esta frase de Goethe: "Dos viajeros que parten de puntos alejados, se encaminan a igual destino y se encuentran a media jornada, suelen acompañarse mejor que si hubieran comenzado juntos el viaje."

Teofrasto adquirió la maledicencia como una inclinación, como una enfermedad del alma. Siempre hay erostratismo en el maldiciente. La sencillez del doctor Favaloro nos llena de asombro. Cientos de ejemplos vienen a mi memoria. El trato, el saludo, sus hábitos de comida, sus gustos, todo, absolutamente todo elevaba su espíritu. Me gustaba observar su mirada ante ciertos caballeros normandos con sobretodos de piel de camello o damas devotas con vestidos de Versace.

Don Quijote aconsejaba a Sancho, que iba a gobernar la ínsula, que llevara las uñas cortas. Favaloro quiso introducir la asepsia en lo político, en lo social. Quería enseñar a sus pares y a los hombres públicos a que tuvieran manos limpias. Tengo sobre mi escritorio, en mi casa, un libro que en abril de 1997 retiró de su biblioteca y me lo dedicó. Es *La creación del mundo moral*, de Agustín García. La introducción está escrita por Joaquín V. González.

Mandar entraña el riesgo de tener que expiar por su mandato. Zaratustra se pregunta "qué es lo que induce a lo viviente a obedecer y a mandar, y a ejercer obediencia incluso cuando manda". J. Lorite Mena en *Fundamentos de antropología filosófica*[1] señala que "todas las negaciones de la diferencia tienen un origen

[1] Madrid, Alianza, 1982.

18

común: el deseo de poder que se opone al principio de realidad".

El juego de mandar y obedecer anida en el núcleo mismo de la vida que se supera a sí misma y que en esa superación "se inmola a sí misma ¡por el poder!".

No eres tú, muerte grave, ave de plumas férreas,
la que el pobre heredero de las habitaciones
llevaba entre alimentos apresurados, bajo la piel
[vacía:
era algo, un pobre pétalo de cuerda exterminada,
un átomo del pecho que no vino al combate
o el áspero rocío que no cayó en la frente.
Era lo que no pudo renacer, un pedazo
de la pequeña muerte sin paz ni territorio:
un hueso, una campana que morían en él.
Yo levanté las vendas del yodo, hundí las manos
en los pobres dolores que mataban la muerte,
y no encontré en la herida sino una racha fría
que entraba por los vagos intersticios del alma.

PABLO NERUDA

Podemos leer en Juana de Vietinghoff, en *El tiempo, gran escultor*, de Marguerite Yourcenar: "Cree en la eficacia de la muerte de lo que tú deseas, para tomar parte en el triunfo de lo que debes ser. ¿Tan poca fe tenéis que no podéis vivir ni una hora sin religión, sin moral, sin filosofía?"

El doctor René Favaloro presentó al Consejo de Gobierno de la Fundación el 27 de febrero de 1989 una

Declaración de Principios. El punto diez decía: "Solamente llegará a gozar de lo realizado todo aquel que ingresara al Instituto cuando en su alma sienta, en esos silencios necesarios para la reflexión, que el único premio verdadero es el que proviene del placer espiritual, limpio y sereno del deber cumplido."

Siempre reiteraba lo del deber cumplido y los silencios interiores. "Nuestro único rédito es la recompensa del deber cumplido." Nicolás Repetto escribió: "Toda mi vida representa el ejercicio placentero de lo que yo he considerado mi deber".

De casi todas las fotografías en donde aparece dialogando con alguien recuerdo que ese alguien era yo. Me sentaba, hablábamos y el fotógrafo tomaba las fotografías. "Lo que se enuncia en palabra no es jamás, ni en lengua alguna, lo que uno dice", escribió Heidegger.

"Vengo de un barrio pobre, fui doce años médico rural. Llevo el olor a rancho para siempre. Es mezcla de mugre y humo." Estoy en su despacho del Sanatorio Güemes. No me da lugar a observación alguna, apenas me atrevo a interrumpirle. Cuantas veces quise aproximarme había algo en él o en mí que lo impedía.

"El trabajo es apetencia reprimida", sostiene Hegel. Ya en Descartes la voluntad con su querer ilimitado es la "responsable" del error. Hablamos de la representación, del mundo como imagen y como objeto. *La realidad y el deseo*, escribirá Luis Cernuda. Aquello que yace frente al sujeto en el ámbito de la conciencia. *El mundo como voluntad y representación*, sintetiza Schopenhauer. "Una libertad que sigue manteniéndose dentro de la servidumbre", escribió Hegel denominando a eso obstinación del hombre en la decisión de obrar por su cuenta. La voluntad no se pliega a lo universal, se aferra a lo singular. "...donde la libertad era la necesidad misma que jugaba bienaventuradamente con el aguijón de la libertad", definió desde lo poético Nietzsche.

Su voz en un sueño. La demencia se introduce en los intersticios. Debo trabajar. Todo en el fondo es una farsa, una aberración. El matrimonio, las entrevistas, esta tarea infernal, la hipocresía de los que me rodean, la adulación. Necesito creer en alguien. Y todo se vuelve día a día más obsceno. Es una enajenación difícil de comprender. Mi vida es un infierno, para qué me metí en esto, rodeado de hijos de puta, de mediocres, de burócratas, de amanuenses. De esta vida me iré con mis silencios. Me harto de hablar de esta sociedad donde sólo vale el exitismo del dinero, de que los jóvenes no se comprometen ni en lo social ni en lo familiar. Hay una exaltación de lo material, de lo superficial, de lo chabacano. Estoy seguro de que avanzamos hacia un mundo social y participativo. Tengo que dar explicaciones de mis actos, tengo que empezar todos los días de nuevo. Yo mismo preparo la comida, lavo los platos, le paso el lampazo al baño. Vivo una vida de locos. La gente es feliz en los pueblos, en esos pueblitos de Italia o de España. Aquí hay teatro, cine, restaurantes, pero la gente no es feliz. Los avances tecnológicos bien usados permiten una mejor salud, una mejor calidad de vida, pero se han perdido los valores esenciales. Aquel pobre

diablo que vive de su huerta o sus gallinas es más feliz que
yo. En el filo de la muerte no recordaremos nada mate-
rial. Lo único que cuenta al final es la mujer amada, el
amigo, la naturaleza...

Nadie más alejado que yo de la medicina. En mi familia se tenía por hábito no hablar de enfermedades ni de muerte. Sobre todo en las comidas. Podíamos tratar y discutir temas más crueles, pero no ésos.

Me formé a través de mis padres y hermanos. Ellos me guiaron con el afecto y la pasión hacia la búsqueda de la belleza y la rebeldía. He contado en más de una oportunidad que mi padre cuidaba cabras y ovejas de sus amos cuando apenas tenía seis años. Llevaba consigo una hogaza de pan en el morral que le dejaba su madre y la honda de Goliat que su padre le había enseñado a usar para defenderse de algún ladrón o cazador furtivo. Y de los lobos. Horas en el monte, solo, hasta que lo recogía mi abuelo Pedro, que venía cansado con su azada al hombro de otra finca vecina.

Mi padre al llegar aquí se vinculó con obreros anarquistas. Allí comprendió en verdad el exilio, el hambre, la injusticia social, los movimientos revolucionarios. Zola, Kropotkin y Shakespeare le ordenaron una nueva sensibilidad y una nueva visión de la vida. De mis hermanos, la música, el cine, la pintura, el teatro. De todos, la necesidad de conocer, de educarse, de trabajar, de emular a los hombres de bien. Y de mi madre el amor a las plantas, al orden del hogar.

Cuando publiqué mi primer libro se me abrieron nuevos horizontes: González Tuñón, Juan L. Ortiz o

Ricardo Molinari fueron hombres que respondieron con generosidad a aquellos primeros poemas. Pero fue la figura de Luis Franco la que orientó y cambió mi destino. Se transformó en mi juventud en un ser fundamental, no sólo en lo que hace a lo literario sino también a su trayectoria ética.

En 1978 publico *Conversaciones con Luis Franco*, libro que dos editoriales habían rechazado por temor a la dictadura militar. Luego de varias discusiones, decidimos editarlo por nuestra cuenta. Un grupo de amigos nos ayudó a financiarlo. Es entonces cuando en un programa de televisión veo a un médico, a un cardiólogo, que afirma con énfasis que los jóvenes deben leer a dos escritores fundamentales de nuestro país: Ezequiel Martínez Estrada y Luis Franco. Días después le alcanzo mi libro. A los dos meses me llama su secretaria, Graciela Cordero, para decirme que el doctor deseaba conocerme personalmente. Después de esa primera entrevista, que duró casi dos horas, comenzó nuestra amistad.

En la naturaleza el poder es la medida esencial del derecho. La naturaleza no soporta nada en su reino que no se soporte a sí mismo. Colócate en medio de la corriente del poder y de la sabiduría que anima a todos los que se mecen en ella para que sin esfuerzo te impele hacia la verdad, hacia el derecho y hacia una perfecta satisfacción. (Ralph Waldo Emerson)

Resulta casi obvio afirmar que el doctor Favaloro no era peronista ni radical. Quien admiró a don Pedro

Henríquez Ureña o a Joaquín V. González, quien leyó con pasión páginas de Unamuno, de Juan Ramón Jiménez, de Thoreau o Emerson, quien entre los nuestros solía mencionar a Horacio Quiroga, Guillermo E. Hudson o Eduardo Mallea, es imposible que simpatizara con alguna de estas dos corrientes que generaron lo que vivimos en estos días de desolación e infamia. Por supuesto, tampoco era partidario —todo lo opuesto— de las corrientes pseudoliberales que este infausto territorio fue generando. Sabía, y lo señaló en más de una oportunidad, que la Argentina seguía siendo un país feudal, que los gremialistas eran parte de un aparato corporativo y que la justicia social tardaría en llegar. Tuvo que pactar en más de una oportunidad, y eso le generaba una gran desazón. Sentía sus propias contradicciones, pero regresó al país pues pensaba que podía cambiarlo, que podía hacer algo por él. No sólo desde la medicina, sino fundamentalmente como docente, como educador.

La sociología no invita a moralizar sino a politizarse. Puesto que arroja luz sobre los efectos de estructura, esparce grandes dudas sobre la deontología y sobre todas las formas de pseudo-crítica periodística del periodismo, o televisiva de la televisión, que sólo son muchas de las tantas maneras de subir el rating y dormir tranquilo, dejando las cosas tal como estaban. (Pierre Bourdieu)

Hubo tardes o mañanas muy especiales. Era cuando él se sentía libre y despejado de sus agobios diarios.

24

Algo que no sabíamos vibraba en el tiempo, fantasmas que regresaban desde lejos, suspendidos en la inocencia del instante. Allí vivimos el destino de una historia, la transparencia del silencio en el té, flotantes, perfectamente inútiles en la misteriosa realidad.

Lo escuché hablar sin cesar: Ezequiel Martínez Estrada, Henríquez Ureña, Gutiérrez Nájera, Diego Rivera, Guillermo Korn, Eugenio Pucciarelli, Carlos Sánchez Viamonte, Houssay, Braun Menéndez... y de pronto recordaba a Jacinto Arauz, al doctor Dardo Rachou Vega, el ganado, los rigores del clima. Y me hablaba de Canadá, de una aldea en Andalucía, de Guayaquil, de una carta de Ruiz Rivas, de Luis Peru de Lacroix, de la Biblioteca Otero, de Enrique de Gandía...

Vivía con poderosa pasión el destino de América. Se sentía, superando todo fanatismo o dogma, americano en el sentido primitivo de la palabra. Quiero rememorar sus diálogos pues al hacerlo crece una suerte de invocación. Su imagen es incomunicable pero perdura en mí como un magisterio que ejemplifica nuestro existir.

No es menos memorable decir que le gustaba escuchar un tango —no sabía bailar ni nadar—, un bolero o "La bilirrubina" de Juan Luis Guerra. O que una tarde me mandó llamar a su despacho para que le estrechase la mano al mítico Francisco "Pancho" Varallo, figura del amateurismo en Gimnasia y Esgrima de La Plata e integrante de la Selección Nacional en 1930. Y otra, muchos años antes, en el Sanatorio Güemes, a Juan Manuel Fangio. Como escribió Jorge Luis Borges sobre Emanuel Swedenborg: "Más alto que los otros, caminaba/ aquel hombre lejano entre los hombres..."

Una tarde, estando solos en su despacho de la Fundación, terminando las tareas, mientras se quitaba su guardapolvo, me dice confidencialmente: "Podría ser tu padre". Lo miré y esbocé apenas una sonrisa. Corrigió, con calidez: "¿Tu hermano mayor?" Sin poder decir palabra asentí con la cabeza.

Todos fallecieron esperando su muerte. (Pablo Neruda)

Dice Luis Franco en *Revisión de los griegos*: "En la Grecia de cualquier tiempo, como en Israel los profetas, los poetas son los intérpretes y mentores de la conciencia pública." Este libro era releído cada tanto por René. En más de una oportunidad conversábamos sobre Hesíodo, que prestigia el trabajo y exalta, por encima de las clases, el sentido de la justicia humana. Con motivo de una conferencia que debía dar le alcancé una cita de Jenófanes que advertía que los dioses son criaturas del hombre: "Si los caballos o bueyes tuvieran dioses los representarían como caballos o bueyes." Y hablamos de Esquilo, que lo humaniza todo, y lo democratiza todo. Y de Prometeo, que desafió a Zeus para anunciar el fin de su poder.

La democracia huele mal. (Barbey d'Aurevilly)

En otra oportunidad, al final de la jornada laboral, conversábamos distendidos en su despacho. En esa ocasión el tema fue el amor, las parejas, el matrimonio. Al finalizar me dice con una sonrisa cómplice: "Carlos, nosotros debimos habernos casado con dos japonesas".

Hay médicos que se ufanan de los pacientes ricos o famosos que atienden o conocieron en sus consultorios. Hablan de ministros, de empresarios, de obispos, de generales. No importa la conducta que éstos pudieran haber tenido o el descrédito social. Ellos avanzan en sus negocios, en sus nuevas viviendas, entre el poder y el éxito. "La popularidad se adquiere a fuerza de trivialidad", sentenció alguna vez André Gide. Groussac despreciaba las frases y los disfraces. Favaloro hablaba con pasión y afecto de los *crotos* que tenía como pacientes. Con los otros debía vivir y ayudar. Por eso decía con frecuencia que "debemos quitarnos las caretas".

Su teología cristiana de amor y solidaridad le impedía entregar su alma al diablo ni al poder ni al oro ni al incienso, y en su situación de monje mendicante prefirió ser digno de su pueblo y de sus pacientes. (Doctor José María Mainetti)

Unas pocas palabras

Este hombre cabal, duro y tierno a la vez como todo hombre de temple, llevó su honor, su amor y su talento al mundo de la ciencia. Baudelaire decía que el suicidio era el único sacramento estoico. No es extraño que este hombre tan íntegro y puro haya elegido ese camino. Los signos de los tiempos —especialmente en nuestro país— no alientan ni alentaron nunca a vivir. Algunos de esos síntomas ya los ha-

bían vivido los poetas. Refiriéndose al solitario E. A. Poe, Mallarmé canta en su "Tombeau d'Edgar Poe": "Tel qu'en lui même en fin l'étérnité le change/ dans le flot sans honeur de quelque noir mélange". Y Char dice: "Desde la operación de los totalitarismos no estamos más vinculados a nuestro yo personal sino a un yo colectivo asesino, asesinado. El provecho de la muerte condena a vivir sin imaginación, fuera del espacio táctil, en mezclas envilecedoras".

Ezequiel Martínez Estrada decía que los más importantes hitos de la literatura argentina están marcados por el exilio y el suicidio. "Mi hermano Quiroga", como él escribió, Leopoldo Lugones, Alfonsina Storni. No es la profesión, es la ofensa que promueve todo culto a la emulación, a lo sublime, a lo ideal y eterno. "El español terrible que aguarda lo cimero con la piedra en la mano." Y lo peor aún, la soberbia unida por lo general al autoritarismo y la estupidez. Sin hablar de los hombres que engendran los cuescos de Pantagruel, la pura canalla.

Por otra parte, aquello tan notable de Baudelaire, que tan bien encaja en un país como el nuestro: "Las naciones no tienen grandes hombres sino a pesar de ellas, como las familias. Hacen todos sus esfuerzos para no tenerlos. Y, así, el gran hombre tiene necesidad de poseer una fuerza de ataque más grande que la fuerza de resistencia desarrollada por millones de individuos" (Journaux intimes, Pléyade, p. 1252). No creo que necesariamente éste sea el caso del doctor Favaloro. Pero un hombre que ha hecho la obra que él realizó se ve necesariamente expuesto a la murmuración, la de-

nuncia, la envidia y las intrigas. Quien *realiza una obra con vocación, con la gracia y el disfrute que este creador científico realizó, es un espejo maldito para quienes se hinchan de soberbia, presunción y orgullo y no realizan nada. El hombre tocado por la gracia ofende, por lo general, toca las deficiencias, los rencores y el subconsciente. Sabía que el error fundamental de nuestra cultura reside en la mala enseñanza secundaria. Por eso él, que tuvo una espléndida enseñanza por obra de maestros como don Pedro Henríquez Ureña y don Ezequiel Martínez Estrada, pudo hablar con autoridad desde esa ciudad universitaria única que fue La Plata, destruida, lógicamente, hasta en sus mismos fundamentos por el peronismo y la más reaccionaria clerecía.*

HÉCTOR CIOCCHINI

Hablaba hasta el cansancio de educación. Quería que se lo recordara como docente. Hablaba de honestidad, de amistad, de compromiso. De trabajo. "El único elitismo es el de las neuronas." "No existe la sangre azul." "Debemos reemplazar el yo por el nosotros." Hablaba de la utopía. Sabía que en el fondo las figuras de Juan B. Justo o de Lisandro de la Torre son atípicas en el país. Pero necesitaba llamar a Armando Cavalieri o a Ángel Robledo. Sabía que tenía que pedir ayuda para su proyecto. Sabía que tenía que callarse la boca, y pactar. Hablaba del "nacionalismo sin trampas". Obsesivo, temperamental, adusto. Simpático, locuaz, amigable en la intimidad. Ingenuo por momentos, campechano siempre; efectivamente conflictivo. Nostalgioso. Hablaba de fútbol. Él era de Gimnasia,

29

yo de Independiente. Venían ídolos, seres de la pasión que carecían de dinero. Evocaba las caminatas por el bosque de La Plata con sus compañeros, una suerte de cultura helenística. Las discusiones bajo los árboles. Recuerdo una tarde en que juntos paseamos por los bosques de Palermo. Y recogió varias magnolias. Y me sonrió.

La sociedad reposa sobre un crimen cometido en común. (Sigmund Freud)

Hay ecos secretos que ningún diccionario registra. Hay una intimidad especial con el último lenguaje que subraya la sintaxis. Hay frases, silencios que puntúan un discurso cuya intensidad contiene el eco de lo que no se dijo. El poeta lleva la dignidad del sueño y del peligro.

Evocación de un sueño: *Para amar tendríamos que ser libres. En el fondo de cada uno hay un amor incumplido, errante. Uno vagaba y soñaba con algo indefinido, deslumbrado por el sexo, por la lluvia que caía sobre el bosque. En amor el sentimiento es sólo una parte. La ternura a veces surge del fracaso, de la tristeza, de los sueños que indagan el cómo y el porqué. De la necesidad íntima de amar, de dar. Compartir lo elemental, el recuerdo de los mayores, la gratitud. La luz del día dentro y trémula cautiva y distante en ella misma. Y detrás el viento siempre ascendente y perdurable de la mocedad, de la pampa. Todo monte, lejanía, recreando pájaros y caballadas. Aún perdura el aroma de rosas, su rostro, el talle cimbreante, su risa de madrugada fresca. No faltó quien dijera su nombre en la noche. La más bella del mundo. Guitarra,*

pájaro y cabellera regresando. Como a través de un sueño.
De desencuentro y desgracia.

Tuvo una entrega inmediata a la vida sin pedirle cuentas, una aceptación sin límite de lo que ella de por sí nos ofrece. Maestro en el delirio y en todo lo desmedido; estallido de pasión que lo traslada a lo moral, sin otra ley que su instinto, en el crecimiento desbordado de sus exigencias. Favaloro amplió el paisaje de nuestra memoria. Su personalidad constituye un mundo abierto a otras resonancias. Su función liberadora reside en su capacidad de soñar a pesar del mundo, de estructurar las circunstancias de manera diferente. Ése, sospecho, es el secreto de su fascinación. Una inmersión en un mundo diáfano y cerrado. Su primer propósito fue ético. "Son así los sueños", escribe María Zambrano, "al par que fantasmas del ser, la primera forma de la conciencia de sí mismo."

La definición de muerte cerebral es un artificio de técnica. Tiene por único fin introducir la posibilidad de retirar un soporte vital y dar por muerta a una persona a la que se mantiene con vida sin ningún sentido, abriendo así la posibilidad de utilizar sus órganos para un transplante. (Dr. José María Mainetti)

El diagnóstico de la locura sucedió a la noción de posesión diabólica. Los poseídos, los epilépticos o las brujas molestaban, y por lo tanto eran eliminados por la Inquisición en nombre de la fe. Los psiquiatras son

31

hoy los nuevos inquisidores y llevan la eliminación en nombre de la ciencia. Debemos recorrer los textos de Michel Foucault, Ronald Laing o David Cooper. En el ensayo *La libertad fatal*, un pensador radical de origen húngaro señala que la sociedad aprueba ciertos usos de drogas y desaprueba otros. Las adicciones son hábitos. En el fondo, para Thomas Szasz, sólo existe un pecado político: la independencia. Y una virtud política: la obediencia. El profesor de psiquiatría del Health Science Center de la Universidad del Estado de Nueva York explica que el suicidio es una elección intrínseca a la existencia humana, "nuestra última y definitiva libertad".

Para Szasz el suicidio no es un "problema" de salud mental. Dice que en distintas épocas las actitudes sociales ante las conductas han cambiado: "...lo que anteriormente se juzgaba pecado puede haberse convertido en un crimen, una enfermedad, un estilo de vida, un derecho constitucional o incluso un tratamiento médico". Recuerda que hasta no hace mucho tiempo se pensaba que la masturbación, la homosexualidad u otros actos llamados "antinaturales" eran problemas de cuya "solución" se debía encargar la medicina. En *La libertad fatal* propone que aceptemos sin incomodidad el suicidio. Para ello, sostiene, es necesario que todos tomemos conciencia de "desmedicalizar y desestigmatizar la muerte voluntaria y aceptable como un comportamiento que siempre formará parte de la condición humana. Querer morir o suicidarse es a veces digno de reproche, otras veces digno de elogio y otras ninguna de las dos cosas, pero nunca es una justificación adecuada para la coerción estatal".

32

Señala —dejando atrás a la Iglesia y al Estado— que el suicidio será una elección individual y no tendremos en cuenta ni leyes ni reglas médicas. El ser humano será un esclavo sumiso, afirmará Szasz, si el individuo no toma decisiones sobre el control de su vida y de su muerte, sin la "ayuda" ni el estorbo del Estado.

Nuestro amado Albert Camus, en *El mito de Sísifo*, nos advirtió que "la ética misma, en uno de sus aspectos, no es sino una larga y rigurosa confidencia". Y que el suicidio "es el único problema filosófico realmente serio".

En *El conocimiento público*, John M. Ziman escribe: "Los pobres necios que se negaron a mirar por el telescopio de Galileo sabían lo que traían entre manos; si veían las lunas de Júpiter se verían obligados a creer lo que no deseaban creer, por lo tanto, resultaba más sabio no mirar". El poeta mexicano Jaime Sabines dice en el poema "Tarumba", de 1956:

> *¿Qué puedo hacer con mi rodilla,*
> *con mi pierna tan larga y tan flaca,*
> *con mis brazos, con mi lengua,*
> *con mis flacos ojos?*
> *¿Qué puedo hacer en este remolino*
> *de imbéciles de buena voluntad?*
> *¿Qué puedo hacer con inteligentes podridos*
> *y con dulces niñas que no quieren hombre sino*
> > *[poesía?*
> *¿Qué puedo entre los poetas uniformados*
> *por la academia o por el comunismo?*

¿Qué, entre verdores o políticos
o pastores de almas?
¿Qué putas puedo hacer, Tarumba,
si no soy santo, ni héroe, ni bandido,
ni adorador del arte,
ni boticario,
ni rebelde?
¿Qué puedo hacer si puedo hacerlo todo
y no tengo ganas sino de mirar y mirar?

Fui a escuchar el drama pastoral en dos actos de Haendel *Acis y Galatea*. El texto es de John Gay. Dice en el segundo acto: "la vida es muy breve para medir la desgracia". Y "el amor desprecia a quien gime sin cesar". El doctor Favaloro era perfeccionista hasta el cansancio. Me contagiaba y yo descubría en mí algo oculto. Era brillante, estudioso, gentil. Era hiperactivo, moderado, pródigo. Generoso. Reconocido en todo el mundo. Siento respeto y admiración por él. Fue aplaudido en centros científicos internacionales. Un benefactor de la humanidad. Jamás tuvo espíritu de lucro. Era emotivo, contradictorio, testarudo. Siento amor y admiración. Me protegía, me guiaba, me alababa, me discutía. Era paternal, fraternal, seductor. Llevaba siempre una mirada transparente. "De esta vida me iré con mis silencios." "De esto que te hablo ni una palabra. Ni con la almohada." Así será.

Muchos de los que lo rodearon fueron seres mediocres, oportunistas, dementes, egoístas. Ni hablar de sus allegados o las esposas de éstos. Olían codiciosos el oro y la locura, la irracionalidad. Sospecho que en el fondo lo odiaban. Era envidia. "En Arauz comíamos corazón." "En Sudáfrica lo probé relleno como fiambre." Sabía que políticos, militares, periodistas o sindicalistas eran en su gran mayoría corruptos, deshonestos. Pero debía verlos, ir a embajadas, casamientos. "Quién carajo me metió en esto." "Ése es un gordo manflora." No se puede hablar de la Fundación sin el apoyo moral y financiero del "Cholo" Peco. "Ahora todo se ha gerenciado, esto es una mierda." Vienen otros nombres: Pescarmona, Perversi, Perez Companc...

Raúl González Tuñón decía: "Un poeta es como cualquier hombre, pero cualquier hombre no es un poeta". Se sentía rodeado de hipócritas, traidores y seres mezquinos. No podía hablar. Parte de los subsidios quedan en el camino.

En *La cabeza de Goliat*, Ezequiel Martínez Estrada describe "las víctimas expiatorias". Escribe sobre el suicidio absoluto, espontáneo y sin instigación ajena, como el de Svidrigailov en *Crimen y castigo* o el de Kirilov en *Los endemoniados*. Dice que son suicidios admirables, como obra de arte. "Hay una grandeza ideal en quitarse la vida por exceso de conciencia o por algo de lo que no se puede sacar ninguna utilidad."

Señala también que a aquellos que mueren por voluntad propia "se los deja caer sin pensar mucho en la parte de culpa que nos alcanza a los que asperjamos sobre ellos el olvido. Callamos y seguimos". Y finaliza con estas palabras: "El silencio es la impunidad de las ciudades."

En el trabajo cotidiano había una sensación de locura. Siempre sospeché que se debía a la actividad febril, al contacto con la muerte, el dolor, la angustia. Y, por supuesto, a una sociedad que iba degradándose mes a mes, día a día. Luego fui advirtiendo que existía poca plasticidad en las actitudes de la dirección, una resistencia a liberarnos de estereotipos culturales. Uno se aferra a fórmulas o íconos obsoletos. Y mantener estereotipos ineficaces desequilibra. Allegados directos al doctor Favaloro lo tratan de viejo. Se lo insinúan. Parientes se mofan en voz baja, en círculos cerrados. La envidia crece como en un drama isabelino, detrás de los cortinados, en alcobas secretas se anudan los odios y el ultraje. El aspecto cognitivo y emocional queda a un lado. Lo cuestionan de mala manera. Él siente que aquellos a quienes ayudó a formarse, a educarse, a edificar sus casas, a quienes les mostró un mundo, lo relegan, lo cuestionan. Él, que quiso continuar la tradición familiar, como la de tres generaciones juntas almorzando un domingo, se siente marginado. El esfuerzo emocional y mental —trabajo de persistencia en el tiempo— que significa la familia fue erosionado. Y aparecen los cuestionamientos alocados, irracionales. Se siente agraviado, denostado.

Le plantean, ante una situación contradictoria sin salida, soluciones falsamente radicalizadas e infantiles. Acompañados por personajes que no son amigos ni siquiera de "la familia". Predomina la sensación de despojo. De manera alucinante se va alentando la desaparición; "que se vaya" es la propuesta. Le desarman su íntima ilusión, le cuestionan cualquier posibilidad. Lucha contra la tecnología sin humanismo, contra la llamada posmodernidad,

36

contra las usinas del capitalismo internacional, contra las políticas de exclusión, contra una medicina gerenciadora que, paradójicamente, de manera solapada quieren mostrarla. Le ocultan cosas o le magnifican otras. Habla de la juventud, del esfuerzo, del trabajo, del saber ahorrar, de la superación intelectual y ética, de sus libros, del espacio utópico, de lo que uno debe sentir junto a la naturaleza. A su alrededor "transas", negocios, coimas, vueltos. Le proponen negocios donde están "prendidos". Lo huele, lo sospecha, lo ve.

Pálpito o *corazonada* son palabras derivadas de *corazón*. De *cor* procede *cordura*, que expresa "capacidad de juicio o inteligencia"; *cordialidad*, que denota "condición de transmitir afecto"; y *coraje*, sinónimo de "ánimo o valor".

En lenguaje coloquial, en el Diccionario de la Lengua de la Real Academia Española, bajo el vocablo *corazón* figuran entre otras acepciones: "ánimo", "espíritu", "valor", "voluntad", "amor", así como "meollo" o "centro de algo". *Buen corazón quebranta mucha ventura*, dice el refranero que exhorta a no decaer en los infortunios. Y también *cubrírsele a uno el corazón*, que significa entristecerse mucho. Para Camilo José Cela "el corazón es la caja de resonancia de todas las sensaciones".

El cuerpo es sin duda la más originaria de las metáforas con que toda la sociedad expresa su identidad. La palabra corazón es concebida como un órgano del recuerdo.

Favaloro, evocando sus días en la Cleveland

Clinic, escribirá en *Recuerdos de un médico rural* cómo se sentía lleno de ideas, de proyectos, de decisiones. Allí cuenta que en más de una oportunidad su jefe le decía: "'¡Hasta cuándo, René! ¿Qué límites tiene este crecimiento y este deseo tuyo de avanzar siempre?' Yo lo miraba entristecido y me preguntaba ¿límites? Eso significa detenerse. Desgraciado el que llegue a conformarse."

Nada tan diáfano entonces como estos versos del monólogo de Segismundo, en *La vida es sueño*, de Calderón:

En llegando a esta pasión,
un volcán, un Etna hecho,
quisiera arrancar del pecho
pedazos del corazón...

Hablábamos de Alfredo Zitarrosa, lo admirábamos. Nuestras conversaciones eran un delirio. Rodeados de burócratas, jefecillos, "lameculos, alcahuetes, imbéciles, buitres y mala gente", nosotros hablábamos de magnolias, de Zitarrosa en su "Guitarra negra", de don Sixto Palavecino, de Vivaldi. Al nombrar a este último se mostraba exuberante. Me gustaba leerle páginas de Rosa Luxemburgo o recordarle palabras de Montaigne, de Rafael Barrett, de Castelao, de García Lorca. Él citaba a sus maestros. Recordaba La Plata, Jacinto Arauz, la Cleveland Clinic. Pasábamos de un tema a otro, a evocar un film del neorrealismo italiano o recordar la sensualidad de una mujer. Eran encuentros bellísimos, nos sobreponíamos a tanta presión, a

38

tanta imbecilidad y bajeza. Nos evadíamos sin tomar tal vez plena conciencia del horror, de lo "caballeresco".

Ni cenamos ni se muere padre. (Refrán español)

Sentía en sí un antagonismo serio, profundo. Además, tenía una crítica lapidaria de la moral. Y una postura ética. Afirmaba el conflicto entre la conciencia del médico, del creador, y las normas sociales del mundo burgués en el cual estaba inmerso. Para él no sólo la belleza sino cada proyecto era a la vez una dicha y una condena. Esa condición, que parece abstracta, arrastró su vida misma con un sentimiento de orgullosa soledad ejemplar. Era feroz y definitivo. Pero su propio mito lo fue absorbiendo. Comenzó a sentirse excluido, y, desde ese lugar, su impugnación al sistema —que menciona en conferencias, en congresos internacionales, en conversaciones íntimas— vuelca su postura en una fábula ética. Crece con el mito personal, con el hombre interior.

Al suicidarse, todo se derrumba. A la hora de su muerte estoy en el segundo piso de Dardo Rocha 2965. Siento el corazón destrozado, me siento solo y desconsolado. Sabía que llegaba mi final. Odios, frustraciones y envidias crecían por todas partes. Y la lucha por el poder en la cual yo no sólo no intervendría sino que tampoco me interesaba. Allí estaban Roberto Favaloro, su esposa Vilma y dos abogados de su confianza. Los doctores Héctor Raffaelli y Mariano Favaloro, primo hermano de René, un ser a quien siempre me unió un profundo afecto. Estaba además la parte administrativa de la Fundación, el doctor Rezzónico, director médico, y el gerente, licenciado Jorge W. Barrientos. Abajo, fotógrafos, medios. Y la señorita Diana Truden, su prometida, observaba sentada en la escalera al lado de la puerta de entrada. Sobre la mesa del comedor los sobres blancos lacrados que dejó para amigos, familiares y el juez. A poco de mi llegada a esa sala, donde estaban los sobres, se encerró el sobrino, Roberto, con los dos abogados de su amistad. Comencé a comprender todo. A las 22 de ese mismo día, en la puerta de la Fundación informo su muerte oficialmente al mundo.

De allí en adelante paso dos o tres meses durmiendo tres o cuatro horas. Me llamaban todos los medios. Y pacientes, empresarios, diputados. Yo iba preparando mi renuncia. Lo consulto con un hombre de bien y de sincero afecto, el doctor Ricardo Monner Sans. Me unía a él la memoria de su padre, el diálogo lúcido de Pequeña, su madre, y su solidez intelectual y ética. Luego de escucharme durante media hora en su estudio jurídico me preguntó: "¿Redactamos la renuncia?"

Al poco tiempo de la muerte de Favaloro, a la semana, debí reunirme con gente que nada tenía que ver conmigo. Y participé en supuestos proyectos que me interesaban menos. Todos querían buscar fondos y planificar, reestructurar, refundar. Me vi rodeado de empleados de Enrique Pescarmona, tuve dos largas entrevistas con el ingeniero Ángel Perversi en su oficina de la calle Esmeralda al 1300. Siempre recuerdo entre mis amigos que al salir de una de las entrevistas me sentí muy mal del estóma-

40

go y debí entrar al baño de una confitería cercana a su estudio. El plan, para sintetizar, era nombrar a Susana Giménez madrina de la Fundación. Debía comunicarme con Jorge Rodríguez, quien ya había comenzado a planificar una campaña de ayuda. De inmediato me vino el nombre de Galimberti. Y dos personas más organizarían colectas: Luis Landriscina y Julio Mahárbiz. Mi reloj estaba ya en tiempo regresivo. Todo esto entre reuniones, idas y venidas, conspiraciones. Malos entendidos y una demencia sin límites. Por esos días recordé unos versos de Luis Cernuda: "¿Oyen los muertos lo que los vivos dicen luego de ellos?/ Ojalá nada oigan: ha de ser un alivio para ese silencio interminable/ para aquellos que vivieron por la palabra y murieron por ella."

Carta de renuncia a la Fundación Favaloro

Buenos Aires, 31 de agosto de 2000

Sr. Presidente de la Fundación Favaloro
Dr. Roberto Favaloro
De mi consideración:

Fallecido mi entrañable y admirado amigo, René G. Favaloro, he advertido que la Fundación comienza a transitar por caminos que, a mi entender, no se compadecen con el pensamiento de él. De cualquier manera, no se compadecen con las razones por las cuales lo acompañé durante 14 años. A mi modo de ver, empiezan a privar actitudes, personas y climas

41

que me conducen a pensar que se está produciendo un lento pero inexorable cambio respecto de las directrices fundamentales de la Institución.

En homenaje a mi recuerdo de él y en homenaje a mi propia conciencia, debo renunciar a mi trabajo. Lo hago sin tener certeza de tarea sustitutiva inmediata, pero es probable que usted entienda que los principios están por encima de las conveniencias.

Se me ha dicho que debo dar un preaviso de un mes según lo establece la Ley de Contrato de Trabajo (20.744 y sus modificatorias), lapso que debe comenzar a regir desde el primero de octubre de 2000. Se extinguirá relación el 30 de octubre de 2000, consiguientemente, salvo que usted —por medio auténtico— resuelva eximirme de la obligación de concurrencia durante el referido lapso.

Mi inminente ausencia a partir del 1° de septiembre se debe, como es sabido, a que nunca completé de manera efectiva mis vacaciones de 1999. Retornaré tareas el 22 de septiembre de 2000.

Saludo a usted atentamente,

CARLOS PENELAS

Al recibirse mi carta documento hubo distintas reacciones, algunos celebraron, otros sintieron tristeza. Tras su muerte advirtieron que alguien, íntimamente vinculado a él, confirmaba un síntoma claro de lo que sucedía o iba a suceder.

De inmediato, para demostrar que mi puesto era fácilmente sustituible, incorporaron a un nuevo Jefe de Relaciones Públicas. Éste fue recomendado por el cómico Luis Landriscina, un amigo de su confianza, hombre de experiencia y capacidad probadas.

El licenciado Guillermo Oetken había trabajado como docente en universidades privadas y era experto en ciencias de la comunicación. Lo vi una vez cuando, al regresar de mis vacaciones, me reintegré al trabajo. Quienes hayan conocido mi despacho saben de mi sentido estético. Luego de dejar la oficina que perteneciera al doctor y que él me había cedido por casi nueve años, tuve que mudarme al nuevo edificio. Éste era de categoría, premio municipal por su fachada, *vitraux* en su ascensor y el piso de entrada de mármol en damero. Mi nuevo despacho con muebles de estilo: dos arañas de alabastro, un escritorio inglés, una biblioteca con vidrios biselados, la lámpara del escritorio, que pertenecía al doctor René Favaloro, también era del verde típico del estilo inglés. En el mismo salón, un rincón apartado, para reuniones más amplias, utilizaba una mesa redonda de mármol blanco con patas de madera clara. Las sillas en juego esterilladas. Y plantas que daban un clima de calidez. El piso de roble de Eslavonia siempre estaba impecable y encerado. Recibía mucha gente donde trabajábamos, con temas vinculados al dolor, la muerte y la desesperanza. Pensé siempre que ese lugar era apropiado para que aquellos familiares se sintieran cómodos en un clima de contención. A mi espalda, en la pared frente a mi puerta, tenía una obra de mi propiedad que el artista plástico Domingo Gatto me había obsequiado con la certificación correspondiente. Y un orden casi obsesivo de cada cosa.

Al entrar me sorprendieron cajas en todas partes y los papeles de ayudamemoria pegados con cinta adhesiva al marco dorado del bajorrelieve del maestro Gatto. Sobre el escritorio el mate y el termo. Y papeles por doquier. Las sillas, tapizadas con pana pura, cargadas de biblioratos, diarios y revistas. Detrás del escritorio un señor con la camisa salida y, como poseía un abdomen prominente, desabrochada a la altura del ombligo. Quedé perplejo.

El "príncipe noruego" que estuvo seis meses en el cargo presentó un imaginativo proyecto para publicitar en la vía pública al nuevo directorio. Una idea que evidentemente desbordó su imaginación. Llevó un diseño con el torso del doctor René Favaloro donde se leía su nombre bordado en el guardapolvo médico. Pero sin la cabeza. La sensatez del licenciado Oetken era recordar a la sociedad que, si bien "la cabeza de la institución ya no estaba, continuaba la misma y su nombre". Intentaban independizarse del doctor. Fue rechazado por dos o tres personas de un mínimo sentido común. No se dio por vencido y propuso otro diseño: un tórax abierto en plena cirugía para que el país tomara conciencia de que se seguía operando igual que siempre. Tampoco se imprimió este afiche.

Uno de los proyectos más felices que realicé fue el de la televisión alemana. Me llevó ocho meses de trabajo permanente. Los últimos quince días fueron de una tensión y esfuerzo inimaginables. Durante ese período hubo llamadas telefónicas, faxes, dos viajes del equipo técnico del canal ZDF de Alemania, además de mi tarea cotidiana. En su elaboración llevábamos planillas cronometradas, planos del edificio, circuitos interiores para medir tiempos y trayectos, y compaginar el mínimo detalle. Lo afronté prácticamente solo salvo al final. Recuerdo que un día mi secretaria me dice: "Vos no te imaginás los odios que estás generando".

El proyecto que se llevó a cabo en "Praxis", el programa más importante de salud de la República Alemana, el miércoles 8 de abril de 1998, era el siguiente: se iban a transmitir en directo para Alemania y gran parte de Europa cuatro cirugías cardíacas simultáneas desde el Instituto. Por supuesto que se logró realizar con el aporte y la capacidad técnica de los alemanes y la inestimable visión del doctor Cristian Floto. Quiero señalar la imagen del doctor Floto, su calidez, su cultura. Al año siguiente, con motivo de un viaje que realizó por una cuestión familiar, nos volvimos a encontrar y fuimos, junto con mi mujer, al Teatro Colón. Volviendo al proyecto, las operaciones se programaron sistemáticamente. A los veinte minutos de iniciarse la emisión el doctor René Favaloro debía finalizar la suya para así acompañar, en una recorrida por otros quirófanos, al profesor doctor Axel Haverich, de la Universidad de Hannover, quien viajó especialmente. Ellos comentaban a la audiencia, *in situ*, cada caso. Todo se desarrollaba con precisión matemática.

En el estudio de video seguíamos desde una pantalla gigante las distintas secuencias. El doctor Ernesto Weinchelbaum realizó "una mamaria a la descendente anterior sin circulación extra-corpórea"; el doctor Mariano Favaloro una "Bentall de Bono"; el doctor Roberto Favaloro una "Operación de Ross" y el doctor René Favaloro una "revascularización miocárdica". Paralelamente se practicaba una angio-plastía en Hemodinamia.

Hicimos un convenio con TN Ciencia gracias a Luis Clur y al amigo Ricardo Pippino, para que el programa se difundiera en el país. Sólo se conoció una parte pues las cirugías no pudieron emitirse al estar el programa dentro del horario de protección al menor. El éxito fue inmenso no sólo en Alemania sino en casi toda Europa, alcanzando una audiencia —¡a las tres de la mañana!— de más de tres millones de espectadores.

A los pocos días recibimos llamadas del viejo continente de felicitaciones por el Instituto y por la tarea humanista del doctor René Favaloro. Por primera y única vez se hizo algo así en nuestro país. Fue la difusión más importante de la Fundación en el mundo.

Al finalizar la transmisión, el doctor tenía pensado cenar con Guillermo Secchi, jefe del Departamento de Video de la Fundación, y yo. Íbamos a comer un churrasco con un tomate partido al medio en "El Asturiano", pero se había hecho muy tarde y debí partir con él rumbo al Canal 13. Se emitía una entrevista especial, en la trasnoche, con Santo Biasatti.

Al salir del canal me alcanzó hasta mi casa. En el trayecto lo encontré agotado pero exultante. "Gracias, Carlos", me dijo al despedirnos.

Nunca pensé que al iniciar este proyecto tan complejo, con tantas idas y vueltas, se iba a poder concretar. Por esos tiempos solía repetir un dicho de Mafalda: "No quiero que me den una mano, quiero que me quiten la mano de encima."

Vivir sin desprecio y sin bajeza. Sin sequedad, con un inmenso y perpetuo canto de belleza y de fantástica dicha. (Albertine Sarrazin)

En más de una ocasión hemos conversado sobre la libertad y recordábamos la libertad ilimitada del arte en Atenas. Decía Friedrich Schlegel que "la alegría bella tiene que ser libre, incondicionalmente libre". También era tema recurrente el cine neorrealista italiano: De Sica, Rossellini... y regresábamos a Shakespeare, a la "tragedia filosófica", esa obra, ese mundo que representa la cumbre de la poesía moderna. Y una vez más la palabra de Schlegel: "Incluso en medio de las serenas figuras de la cándida niñez o de la alegre juventud nos hiere un amargo recuerdo de la completa inutilidad de la vida, de la absoluta vaciedad de la existencia. Nada es tan repugnante, amargo, indignante, asqueroso, vulgar y horrible como para sustraerse a ser representado por él, mientras sea necesario para sus objetivos. No pocas veces despedaza sus objetivos y escarba como con un cuchillo anatómico en la asquerosa descomposición de los cadáveres morales."

Cuando mencionábamos estos tópicos literarios en realidad estábamos siempre con la mirada crítica en la actualidad, la formación humana de los seres que nos rodeaban, la desintegración de un país que vivía una infinita perturbación moral y psíquica. Palpábamos el caos y la caída de un sistema.

Diario *La Nación*
Al Sr. Director
Bartolomé Mitre

Novecientos kilómetros de ida por una tierra plana, sin plantaciones, hoy seca, casi sin animales. La Pampa. Jacinto Arauz. René Favaloro. ¿Cincuenta años atrás? Un médico alto, joven, inquieto, fuerte, que baja del tren con su estoica Antonia pasos más atrás. Viene por un reemplazo breve ante la enfermedad del doctor Dardo Rachou Vega. Y pasan doce años.
En la estación abandonada, ya sin trenes, creo verlos. No alucino: estoy en su casa, en la de su querido hermano Juan José y en la de sus tíos. Lloro ante las puertas de su antigua clínica coronada por la chapa original esmaltada de blanco. Camillas a roldanas, armarios originales, muebles de época, un gigantesco aparato de rayos, un quirófano intacto, una increíble sala de partos, un laboratorio impecable. Hoy todo sigue funcionando.
Además, su lucha por la luz eléctrica, el mejoramiento del agua, de la forma de vida, del respeto, de la ética. Sus libros y la docencia. Me pregunto: ¿un visionario, un adelantado, un genio? Tal vez, sólo le gustaría escuchar: "Un hombre que pensaba en los hombres".
Su salto: De La Pampa a los Estados Unidos. *El antes y el después en la medicina cardiovascular del mundo moderno: el* by-pass. *Método que empezó a*

meditar aquí y comentaba a sus incrédulos ayudan-
tes de pueblo.

Domingo 29 de julio: todo Jacinto Arauz y las co-
marcas vecinas y más. Un mural y una escultura que
se descubren de la mano del maestro Ferma. En el
lugar preciso, dos árboles que se plantan, una ala-
meda con su nombre. Palabras en su memoria: "este
país le quedó chico al doctor René Favaloro".

A un año de su decisión, quisiera gritar sobre la
pampa helada a cielo abierto, con aquel grito del
pintor noruego Eduard Munch, y que los otros com-
prendieran.

In memoriam

ROCÍO DANUSSI

El suicidio es, sin duda, una cosa demasiado íntima para que pueda ser apreciada desde afuera, desde
aproximaciones que serían siempre groseras. Una vez
mi padre, cuando yo tenía diecisiete años, me confesó
que si él hubiese presentado quiebra en su tienda —un
pequeño comercio— en realidad no hubiera tenido otro
remedio que suicidarse. Estaban de por medio el apellido y la vergüenza. Años después descubrí que Bakunin
y Proudhon estuvieron al borde del suicidio. La cárcel
y la desesperanza. La nómina entre intelectuales y artistas es numerosa en todo el mundo.

El suicidio, la obra clásica de Émile Durkheim,
nos advierte en su introducción que, "como la palabra
suicidio surge con frecuencia en el curso de la conversación, pudiera creerse que todo el mundo conoce su
significado y que es superlativo definirla. Sin embargo,

las palabras del lenguaje usual, y los conceptos que expresan, son siempre ambiguas, y el científico que las emplease tal y como las recibe del uso, sin someterlas a una elaboración ulterior, se expondría a las más graves confusiones".

También señala en uno de sus capítulos: "Si existe el suicidio exaltado o exasperado, el suicidio melancólico no es menos frecuente".

El suicidio para Durkheim deja de convertirse en un acto individual de manera concreta para transformarse en un catalizador y reflejo de las sociedades en que se produce. A partir de esta tesis, apoyándose en estadísticas, plantea la teoría del suicidio altruista, el egoísta y el anónimo.

El profesor José María Mainetti en más de una oportunidad expresó admiración por su discípulo. Tuve la oportunidad de conversar con él en varias ocasiones, sobre todo cuando estuvo internado en el Instituto. "La grandeza vital de René Favaloro —manifestó en presentaciones y entrevistas— es un orgullo para los platenses, en primera instancia, porque nació en nuestra ciudad, en una familia de inmigrantes sicilianos, en uno de sus barrios más característicos, llamado 'El Mondongo', de artesanos románticos, de gente con sangre latina, entusiasta y vehemente, con sentido de lo bello, lo sacro, lo eterno, cualidades que permiten 'poner el alma en las cosas'. Y también, porque en su proyecto de vida fue fundamental la Universidad Nacional de La Plata de Joaquín V. González, que con el lema de 'ciencia y patria', enseñaba el camino de la libertad por el conocimiento, de la espiritualidad por el amor al prójimo, y de la civilidad por la dignidad y el honor colectivo." También dijo que se podía repetir, como Sarmiento, *"¡Bárbaros, las ideas no se matan!"* Cabe rememorar en Favaloro su visión ecuménica, que en ningún momento empaña su visión del individuo. Tendía a creer en un fetichismo ingenuo, a ver el pasado en los símbolos, en el mármol, en el mito. Es de desear que no se convierta en un prócer de aquellos que abundan en los diccionarios o en las plazas o en las academias. No era su intención. Con el tiempo nadie sabe quiénes fueron esos próceres, qué sintieron esos hombres que lo dieron todo. En el caso de Favaloro, para nosotros, sus contemporáneos, es casi inexplicable su batalla cultural, su exagerado amor propio, su clarividencia.

Entre las muchas cosas que admiré en Favaloro una de ellas debo reflejar: su garra. Para proyectar, hacer, discutir, poner límites, crear. Era maravilloso verlo con esa energía, con esa imaginación, con ese grado de tozudez sensible. Lo vi amenazante en más de una ocasión, decidido a todo. Un solo ejemplo creo que es suficiente. Me encontraba abocado a buscar colaboraciones para nuevos emprendimientos. Organizaba pequeños almuerzos (de entre diez y doce personas) con empresarios, industriales, presidentes de cámaras, para que él les explicara qué era la Fundación, qué significaba estar entre los diez centros cardiológicos más importantes del mundo.

Una mañana convoco a uno de los directivos de Telefónica. La entrevista se realiza en su oficina, y por supuesto participo en ella. Favaloro lo escucha con suma atención pues antes de comentarle los temas de la institución le pregunta por su empresa. El ejecutivo, con claro acento ibérico, le explica locuaz y con lujo de detalles —majos todos— lo que viene a hacer Telefónica de España. La inversión que representa, nuestro futuro de país en crecimiento, los beneficios de la globalización. Al finalizar su exposición advierto la mirada del doctor, su característico gesto de mal humor. Luego de una pequeña introducción donde le habla del barrio de El Mondongo, de su etapa como médico rural, de su paso por los Estados Unidos, hace una breve síntesis de nuestra historia y de los hitos que fueron significando la dependencia con el poder económico. De inmediato le dice que en realidad ellos no invierten nada, que detrás de toda la publicidad hay sólo ganancia, que no arriesgan un centavo y que vienen a hacer un negocio redondo. Yo lo observaba con felicidad interior. Al finalizar la entrevista acompaño al funcionario hasta el ascensor y le manifiesto la intención de seguir conversando en otra oportunidad. De inmediato regreso a su despacho. Lo miro y me sonrío. Lo veo ofuscado, disgustado. "Doctor", le digo, "firmo todo lo que le manifestó, pero lo cité para ver en qué podían colaborar." "En nada", me responde, "éstos nunca van a dar nada, no comprenden nada, son todos iguales."

De esos almuerzos, convocatorias y reuniones jamás obtuvimos un aporte. Siempre pensé que la mayoría venía para luego contarles a sus esposas o a sus colaboradores que ese mediodía habían almorzado con el doctor René Favaloro.

Al mes de haber presentado mi renuncia varios amigos de toda la vida me llamaron preocupados. No sólo por mí sino también por el futuro de la Fundación. Lo mismo hicieron escritores, gente del teatro, de las artes plásticas, del cine, con los cuales me unía una fraternal amistad. Algunos de ellos, con mayor popularidad, querían saber en qué forma podían colaborar con la institución. Siempre quise ser ecuánime y objetivo en cada uno de mis actos. Aun en los momentos más difíciles en lo personal o en lo social intenté el equilibrio y la mesura en la opinión. La reflexión es fundamental, sobre todo en los casos de pesadumbre o de irracionalidad generalizada. A todos les transmití lo que unos días antes me había ocurrido. Recibo en mi casa una llamada de una señora que donó tres propiedades a la Fundación en 1998. Ésta me dice que se sintió conmovida por la muerte del doctor, y al mismo tiempo intranquila por la donación que había realizado. Cuando se enteró de mi renuncia ya no tenía dudas. Me comunica que anuló la donación con la misma escribana que años atrás había participado. Poco tiempo después tuve noticias de dos personas que habían decidido lo mismo.

Presencia de René Favaloro

En 1979 Favaloro escribió: "Habrá que comprender que el hombre forma parte de una sociedad a la cual debe entregarse para mejorarla. Se ha terminado la etapa individualista".
El doctor René G. Favaloro es el único médico argen-

tino que figura en un trabajo de la historia de la medicina de los Estados Unidos entre los que más contribuyeron al desarrollo de la medicina moderna desde la II Guerra Mundial. Fue además el creador del by-pass y candidato al Premio Nobel de Medicina. El año pasado, en una reunión médica realizada en Boca Ratón, Estados Unidos, había sido seleccionado entre las "Leyendas del Milenio": las cinco personalidades más importantes en la historia de la cirugía cardiovascular.

En el año 2001 viajé por lo más profundo de mí. Lo hice acompañado por dos seres nobles, por dos amigos: el doctor Mariano Favaloro —primo de René— y Abram Moszenberg —amigo de toda su vida—. Veíamos la pampa, sentíamos el frío, el viento, la desolación. A medida que recorríamos ese camino mítico en una fecha tan especial, advertía en mí que vibraba un mundo desconocido, un sentir agónico. Llegaban a mí imágenes, recuerdos, evocaciones.

Mientras observaba las extensiones inimaginables de un campo con poco ganado y menos sembradío, recordaba las veces que me mostraba fotografías de la Cleveland Clinic o me hablaba del profesor Mainetti o de los doctores Finocchietto. Juntos admirábamos a Alfredo Zitarrosa. Con él hablábamos de Thoreau, de Martínez Estrada y de Hudson. De San Martín y del general Paz.

Pudo haber sido Ministro de Salud de la Nación, rector de la Universidad Nacional de Buenos Aires, Intendente de la Ciudad de Buenos Aires, Senador Nacional, Gobernador de la Provincia de Buenos

Aires o Vicepresidente de la Nación. Lo angustiaban los problemas de la salud, la injusticia social, el hambre, el tráfico de drogas, la comercialización de la medicina.

Cuando hice uso de la palabra, entre otras cosas recordé nuestra fraternal amistad. "Hoy nos damos cuenta de que el país le quedó chico al doctor, es mucho más que todos nosotros, que funcionarios, políticos, demagogos, corruptos, hipócritas..."

Jacinto Arauz es el lugar donde trabajó con su querido hermano Juan José. Donde Tony, su esposa, su compañera de toda la vida, lo ayudó con tesón y amor. La clínica sigue funcionando con el esfuerzo de la comunidad y de su médico actual, el doctor Juan Carlos Zabala, que heredó el sacrificio sin límites.

Favaloro, junto a los más progresistas del pueblo, impulsó el alumbrado, el agua potable, la educación y los actos culturales. Fue uno de los fundadores de la Cooperativa Popular de Servicios y Obras Públicas.

Siempre quiso que se lo recordara como maestro, como docente. Con tristeza evoco su escritorio, su mano derecha, su índice. Me señala fotografías de Mason Sones, George Crile, Donald Effler, William Proudfit. Y lo escucho una vez más contarme aquella inolvidable operación de by-pass que realizó en mayo de 1967 en la sala 17 de la Cleveland Clinic. Ahora, al lado de su monumento, cerca de los caldenes también hay un jacarandá con tierra del bosque platense. Acudió todo el pueblo a evocar al médico rural. Y gente de los pueblos vecinos. Con

Eduardo Ferma nos despedimos con un abrazo carga-
do de congoja y dolor. El regreso fue otro. No era la
misma persona la que regresaba.

Lo conocí en 1978 con motivo de la publicación de
mi libro Conversaciones con Luis Franco. *A partir*
de ese momento iniciamos una amistad fraternal,
para siempre. Lo admiré y lo admiro. Al mes de su
suicidio renuncié a mi trabajo sin tener tarea
sustitutiva. Le manifesté en carta documento a quien
tomó la dirección del Instituto: "Es probable que
usted entienda que los principios están por encima de
las conveniencias". Renuncié en homenaje a mi re-
cuerdo de él y en homenaje a mi propia conciencia.
El doctor René Favaloro hubiera cumplido este 12 de
julio setenta y ocho. Sería uno de los pocos referentes
morales de una sociedad corrupta y decadente.

En 1997 había dicho: "La crisis en el sistema de salud
es un problema serio que irá empeorando si no se to-
man medidas en el corto plazo. Los índices de morta-
lidad infantil, pobreza y bajo nivel educativo reflejan
que el país ha retrocedido en estos temas clave".

CARLOS PENELAS
Buenos Aires, 30 de julio de 2001
Especial para *La Nueva Provincia*

Recuerdo que una vez, preocupado —meses antes
de inaugurarse el Instituto de cardiología—, me dijo que
si llegaba a tener diez personas como Ricardo Pichel,
Mariano Favaloro o yo todo iba a ir bien. Le respondí:
"Doctor, no me ponga a mí como ejemplo. Sólo le digo
que si reúne diez personas como Ricardo o Mariano no

hacemos un Instituto, tenemos un partido político."
Me miró asombrado. En ese instante llegó el ascensor.

En la Argentina sobran médicos y al mismo tiempo faltan técnicos y buena enfermería. Se calcula que están saliendo de 2.600 a 2.800 médicos por año. Si uno hiciera un análisis de lo que el país necesita, se deberían estar produciendo entre 1.200 y 1.500 médicos por año. (René Favaloro, Revista *Exactamente*, mayo de 1996).

No se puede imaginar la obra, el emprendimiento del doctor Favaloro sin el azar o el destino. En junio de 1992 se inauguró el ICYCC (Instituto de Cardiología y Cirugía Cardiovascular). Y todo lo que eso significó para el país. Pero sin la colaboración invalorable de Ángel Peco y la SDDRA (Sociedad de Distribuidores de Diarios, Revistas y Afines) el proyecto, el sueño, dudo que se hubiera realizado. El "Cholo" y sus colaboradores movieron cielo y tierra, ayudaron en contactos y económicamente para que la idea se hiciera realidad. Largo sería explicar las infinitas cenas, almuerzos, reuniones a las que convocó Peco, para el apoyo y difusión de la obra del doctor Favaloro. Un esfuerzo constante, generoso, en todo. Lamentablemente no siempre fue ni fueron correspondidos en su dimensión. Es más, se ha tratado de olvidar la tarea infatigable que los distribuidores de diarios llevaron a cabo con total desprendimiento. Sin ellos, reitero, no habría Fundación. Junto al doctor Favaloro impusimos el nombre de "Edificio Ángel Peco" a la casa de estudios de Solís. Compré las dos placas y las hice poner en un breve pero emotivo acto.

Se dice que Favaloro regresa al país en 1971. Esto es parcialmente cierto pues entre 1971 y 1973 aún no había podido instalarse de manera definitiva en la Argentina. En tres oportunidades quiso volver de los Estados Unidos pero aquí se le cerraban todas las puertas. Médicos sumamente conservadores descreían de su técnica y de su personalidad. No encontraba espacio para generar su proyecto. Uno de los enfrentamientos fue con el catedrático Pedro Cossio. No es casualidad que cuando el entonces presidente Juan Domingo Perón tiene serios problemas de salud, a principios de 1974, es éste el encargado de asistirlo. Favaloro es convocado para tratarlo, pero recomienda al eminente académico aduciendo que él recién se radica en el país.

Sin la presencia de Mirtha Legrand, Favaloro no hubiera trascendido en el ámbito popular. El programa donde participó el doctor como único invitado (1974) a pedido del público fue retransmitido en tres oportunidades. Se hicieron filas en el Sanatorio Güemes que llegaron a dos cuadras pues la gente quería conocerlo. Una de las frases que causó conmoción en la audiencia reflejaba algo inédito: "había que sacarse las caretas". Este hecho significó una difusión poco conocida para entonces en la sociedad argentina. A partir de ese momento, el contacto con el "Cholo". Cabe recordar que Mirtha realizaba siempre un programa especial cuando lo invitaba a sus célebres almuerzos. Esto sin la colaboración del doctor Guillermo Masnatta resultaría también impensable. Fueron largos años de esfuerzo, lucha cotidiana. Cientos de inconvenientes debimos sobrellevar. Allí estaba el doctor Ricardo Pichel, con quien compartí el goce espiritual, la utopía de la bondad y el desarrollo científico. Hoy también olvidado y menospreciado.

Favaloro quiso transitar un camino limpio y honesto. Quiso transmitir un espíritu solidario a toda la comunidad, a todo el país. Trabajó con pasión, con esfuerzo. Un sacrificio sin límites. Habló de la dignidad del ser humano, de injusticia social. Habló de los cajetillas y de las manfloras. Emocionalmente siempre estuvo solo. Junto a Christian Barnard y a Grusin era firme candidato al Premio Nobel de Medicina. Fue hijo de una familia humilde de inmigrantes sicilianos. En Cleveland fue el protagonista de una revolución en la cirugía cardíaca. Además de gran médico y científico fue un gran humanista. Rechazó quedarse en los Estados Unidos para ayudar al desarrollo de la medicina e investigación médica en la Argentina. Su personalidad estuvo siempre cargada de energía y optimismo. Desarrolló la cirugía cardiovascular en toda Hispanoamérica. Entregó su vida a la docencia. En medio de un ambiente corrupto, hostil, mediocre e inoperante luchó contra viento y marea. Miserablemente la sociedad le hacía mendigar subsidios, donaciones, aportes. Llamó, golpeó puertas. Le transcribía cartas terribles y luego llamaba una y otra vez a esos caballeros normandos, "señoritos de horca y cuchilla" que no me respondían. Que no le respondían. Indiferencia, falta de apoyo. Y los hombres de su confianza lo presionaban. Una y otra vez. Hablábamos de Ramón y Cajal, de Marañón. Y de los ineptos que nos gobernaron. Corruptos, delincuentes. "Chorros", decíamos. Vivía rodeado de canibalismo, de una inmundicia difícil de soportar. A través del lenguaje somos atacados y destruidos en lo más profundo de nuestra identidad. Veía, sentía —por los alaridos patéticos del peor rock, por la monotonía y estupidez del best-seller o la televisión— que la palabra era atacada, que la vida corría peligro. Sabía, intuía, que la palabra, que la lengua nos circula como la sangre que nos sustenta. El ataque a la palabra sólo puede provenir de una fuerte pulsión de muerte ambiental.

"Major contributions to Modern Medicine since World War II: *1967- Favaloro and D. Johnson popularize coronary artery by-pass surgery.*" (Respiratory Care - A guide to clinical practice, 1997)

René Favaloro ayudó a muchos intelectuales. De su propio bolsillo, con atención, con medicamentos. En 1994, al viajar a Galicia, donde di clases de literatura pero además brindé una conferencia sobre "Historia de la Fundación Favaloro y su proyección social" en la Real Academia de Medicina y Cirugía de Galicia, me entregó un sobre para mi supervivencia. Y el libro de poemas *Finisterre* (1985) lo financió él. A don Luis Franco lo ayudó en más de una ocasión y a Carlos Brocato le consiguió la medicación y el tratamiento contra el cáncer sin costo alguno. Y a seres anónimos que jamás se enteraron de su generosidad, de su sentido social. Recordaba cuando su madre preparaba, para aquellos "crotos" que llamaban a la puerta de su casa en La Plata, un plato de sopa caliente y una rodaja de pan. Por eso sentía —y me hacía feliz— un desprecio visceral hacia los "bacanes", "a los de sobretodo de piel de camello", "a los de camperas de antílope", a los que usaban zapatos de marca. Llevaba en el alma la caridad, el sacrificio, la abnegación, el renunciamiento. "La salud es un derecho inalienable que no tolera privilegios", repetía hasta el hartazgo.

En una ocasión, con absoluta crudeza, retrató la descomposición social. Su suicidio expresa también una situación sin salida. Nunca quiso ser un hombre del *establishment* pero se vio obligado a pactar. "Hay cosas que me tienen agarrado de las pelotas", me decía. "Estoy rodeado de hijos de puta." Hablamos del tema cientos de veces. En los últimos tiempos, como el Bolívar del *Diario de Bucaramanga*, me confiesa el error de haber regresado. O que tendría que haber regresado en los 80 pero con toda la financiación. Apoyaba el sistema de medicina prepaga, la desregulación de las obras sociales, el desarrollo del negocio de la salud. Tal vez no llegó a comprender que una política de entrega a los capitales internacionales dejaba hundir su proyecto.

Su muerte adquirió un carácter social emblemático. Es el comienzo de una polarización aguda y de violencia social. Los grandes grupos siguen decididos a imponer sus planes de explotación. La clase social que gobierna muestra su impotencia y la entrega sin límites e ignoró su suicidio.

Vivimos una época de mitos. Nada más peligroso que las teorías. El recuerdo nos trae rostros, fotografías amarillentas, posturas afectadas. Mi familia sufrió la obstinada e insustituible demagogia peronista, el escándalo de la coerción y el autoritarismo. Y más aún, su iconografía. Años después, saliendo de la adolescencia, también descubrí "la comedia de la virtud" en la mayoría de sus opositores. El doctor Favaloro estuvo preso y con un enorme derrame a la altura del riñón cuando fue delegado estudiantil en La Plata. La verdad fragmentaria y parcial, la totalidad abstracta, la falsa totalidad de esas posiciones —las armonías establecidas— las advertí cuando pude ubicarme en la línea del *raciovitalismo* y del humanismo clásico.

De toda la emblemática, del apogeo del simulacro e imaginación justicialista, una sola persona se destacaba y era querida en mi hogar. Por su presencia, su talento, su voz, su actuación: Hugo del Carril. *Las aguas bajan turbias* (1951) fue sin duda un hito en la cinematografía nacional.

El doctor René Favaloro atendió a Hugo del Carril como médico y como único amigo. Lo revisó primero en Mar del Plata —viajó especialmente— y continuó haciéndolo en Buenos Aires. Un hombre prácticamente olvidado por el "movimiento". Es más, los sábados el doctor iba a su departamento, amasaba los fideos, preparaba su especial tuco y lo compartían en un almuerzo distendido. Un científico y un artista, ¿qué profunda sensibilidad los unía? El pensar poético, dice Machado, se da "entre realidades, no entre sombras; entre intuiciones, no entre conceptos".

Una tarde, cuando me contaba sus encuentros y la calidad de hombre que era Del Carril, le pregunté:

"Doctor, me gustaría conocerlo, ¿no le molestaría que un sábado lo acompañe?" "Por supuesto", me respondió, "agregaríamos a un poeta. Este sábado no puedo, y el próximo viajo. A mi regreso vamos a verlo. Está muy solo." Lamentablemente nunca se pudo concretar esa comida. Pocos días después falleció uno de los más grandes intérpretes y directores cinematográficos que tuvimos. Me hizo bien referir esta anécdota al entrañable José Martínez Suárez.

Abel Posse publicó un artículo en *La Nación* el 12 de agosto de 2000. En su párrafo inicial manifiesta: "Tres situaciones emblemáticas, como hoy se dice. Tres hartazgos. Tres gigantes abatidos: Lugones, por la cultura; Favaloro, por la ciencia; Lisandro de la Torre, por el infierno de la corrupción política. En los tres casos la conmoción nacional fue mayúscula. Los liliputienses quedaron perplejos. Como anotó Sartre, las ratas se acercan al león cuando está muerto. Una 'muerte grande' (como escribiría Rilke) se produce desde una vida grande. La aniquilación, el fracaso, se subliman en inmolación de advertencia, casi en convocatoria al imprescindible cambio. Un meteorito de materia moral."

Trabajé con Favaloro en tres conferencias que deseaba editar. Me puse en contacto con una de las editoriales más representativas para su publicación. Estaban de acuerdo, sólo faltaba que el doctor firmara su contrato. En esa semana, el suicidio. Intereses perversos y especulaciones mezquinas de un egoísmo inconcebible impidieron la edición. Lamentable. Una vez más desde el propio riñón la fragmentación, el bombardeo histérico, la insensibilidad. Goya había escrito: "Los fantasmas de la razón engendran monstruos". Lo siniestro continuo. Pero esta vez sin límites. Comienzan a cotizar la salud en la bolsa de valores. *Homo homini lupus.*

Esas tres conferencias eran: "Homenaje a Paul D. White", un panorama de la práctica actual de la medicina de nuestra sociedad; "Análisis crítico de América Latina y la trascendencia de la educación" —en contra de los fundamentalistas de mercado— y "Las implicancias de la situación mundial para los países del Tercer Mundo", un estudio comparativo de la salud en los países del Tercer Mundo con la de los países industrializados. La conclusión de las tres conferencias es sencilla: los ricos acumulan cada vez más riqueza y los pobres suman, minuto a minuto, hambre, desesperanza, humillación. El comienzo llevaba una cita de Augusto Rodin extraída de *Mi testamento*, un texto bellísimo en torno a la vida y la creación: "Sed profundamente, ferozmente verídicos. No vaciléis jamás en expresar lo que sintáis, ni siquiera cuando os encontréis en oposición con las ideas corrientes y aceptadas. Puede ocurrir que al principio no seáis comprendidos. Pero vuestro aislamiento será de corta duración. Pronto vendrán amigos hacia vosotros, puesto que lo que es profundamente verdadero para un hombre lo es para todos. Por lo tanto, nada de gestos, nada de contorsiones para atraer al público. ¡Simplicidad, ingenuidad!"

El médico que enfrentó las bacterias con higiene.
Fue en 1850, pero lo creyeron insano

Se llamaba Ignaz Phillipp Semmelweis. Había nacido en Buda, la ciudad húngara ubicada a la derecha del Danubio, en 1818. A mediados del siglo, cuando era un joven médico, inició su práctica obstétrica en el hospital general de Viena, Austria: el Allgemeines KrankenHaus.

"Allí —explica el doctor Abel Jasovich—, Semmelweis observaba con preocupación que las parturientas atendidas por los estudiantes avanzados de medicina y médicos recién recibidos tenían una tasa de mortalidad diez veces mayor que las asistidas por parteras y personal idóneo, y siempre debido a la misma causa: una infección llamada fiebre puerperal o septis neonatal."

Cuando murió uno de sus profesores, el doctor Jacob Kolletschka, en 1847, Semmelweis descubrió en la autopsia que había demasiada similitud entre el corte de dedo sufrido por su maestro durante una autopsia y la fiebre puerperal que lo preocupaba.

"Y así llegó a la conclusión —agrega la doctora Raquel Terragno— de que la mayor mortalidad en la sala de parturientas atendida por los estudiantes avanzados de medicina y médicos recién recibidos era causada porque hacían entrenamiento en todo el hospital, incluidas las autopsias, y transportaban gérmenes cadavéricos en sus manos. En cambio, las parteras y auxiliares tenían ya un cierto entrena-

miento en partos y tomaban precauciones. Una de ellas era lavarse las manos."

Semmelweis probó su teoría: los médicos debían lavarse las manos cuidadosamente con agua clorada antes de ingresar en la sala de partos. Pese a la eficacia de la medida, pasaron muchos años hasta que la comunidad médica aceptó su hallazgo.

Semmelweis fue atacado, marginado y sus colegas lo tomaron por demente. Murió antes de los 50 años, destruido ante la conjura de tantos necios, en el manicomio de Viena.

GABRIELA NAVARRO

Diario *La Nación*, 4 de agosto de 2002

En más de una oportunidad me senté al lado del doctor ante un conferencista o panel. Desde el auditorio —él se sabía mirado— nos sonreíamos íntimamente del expositor. Un gesto, un ligero toque con el pie era suficiente para transmitir lo sentido. A veces nos resultaban tediosas las ideas ineptas o la exposición interminable donde la afectación o la grandilocuencia eran mayores que la vacuidad. Otras, las posturas solemnes. A menudo venía a la memoria Luis Franco, apóstol insurrecto de toda academia, amaneramiento o resignación.

En cuántas reuniones debí soportar el acatamiento del hastío en discusiones absurdas. Ya escribió Alberdi: "La política, si es posible decirlo, es la faz pública y solemne de la sociabilidad."

Junto a él se respiraba, se oía, se veía la hondura y sencillez de la vida. Se escapaba al mal gusto de lo paradigmático de la apariencia.

Un día me contó un recuerdo imborrable. En La Plata empezaba la primavera. Los tilos invadían las calles y las plazas. La policía, "los pesquisas", lo vigilaban todo. Eran los comienzos de "alpargatas sí, libros no". El aroma de los tilos ese año era diferente. Las fuerzas nazi-fascistas comenzaban a perder terreno, se aproximaba el fin de la II Guerra Mundial. Fueron los meses en que conoció el calabozo, los golpes. "Éramos rebeldes, pegábamos panfletos. La montada cargaba 'a planazos' contra los estudiantes." En ese comienzo de primavera llegó el amor, la pasión, el aliento del alma. Siempre la recordó con respeto y veneración. Una mujer que le enseñó lo más íntimo, lo más vital. El secreto que todo hombre cobija y protege recóndito.

A poco de conocernos le presenté a Luis Franco. Nos invitó a almorzar al restaurante "Rossi", que se encontraba en la esquina del Sanatorio Güemes. Nos acompañó un profesional de renombre que prefiero olvidar. De esa conversación tan amena, ágil y feliz para nosotros sólo recuerdo, de este renombrado médico, su Rolex de oro y su acento provinciano. No se le caía una sola idea. Evidentemente estaba formado para su actividad y para hacer fortuna. No creo que haya tenido una buena digestión, sobre todo cuando don Luis atacó sin piedad —mientras yo lo miraba asombrado— a los milicos, cafres y asesinos del Proceso, a sus cómplices inmediatos, secuaces infames, obispos, jueces, empresarios, sindicalistas, políticos. Favaloro lo observaba estupefacto, con un dejo de ingenuidad. Fue en ese almuerzo cuando Franco le propuso al doctor que hiciera un libro de conversaciones conmigo. Un encuentro memorable. Un churrasco de cuadril, tomate con aceite de oliva, agua mineral. Helado de dos bochas y café. Franco se sentía firme y le brillaban los ojos. Yo no tenía palabras. Favaloro irradiaba plenitud, se veía joven y entusiasta. *Carpe diem.*

Mirada, visage, soñeiro, révellieur, remember. Llama con su brazo en alto en la puerta principal del Sheraton Hotel —se realizaba en Buenos Aires un Congreso Mundial de Cardiología organizado por la Fundación— a Denton Cooley. Me apresuro detrás de él. Le comenta que quiere presentarme pues soy un poeta. Y agrega: "Como aquí no se puede vivir de poeta es Jefe de Relaciones Públicas de la Fundación". Cooley me mira sonriente sin entender.

Estoy en su coche. Lo estacionó frente a la plaza Rodríguez Peña. Hace horas que venimos hablando. Que viene hablándome. Lo escucho. Al finalizar, con un golpe afectuoso de su palma derecha sobre mi rodilla izquierda me dice: "Esta conversación no sale de aquí".

Con el doctor Alberto Crottogini me unía una amistad muy especial. Junto a él trabajé en casi todos los congresos de la Fundación pero además compartíamos el placer por la lectura, por la música, por el análisis de los movimientos insurgentes. Ambos nos reuníamos frecuentemente con Favaloro. René le tenía un gran aprecio no sólo por ser un talentoso investigador sino porque era uno de los pocos con los que

podía compartir los problemas sociales. Esta carta es
una muestra de su amistad y representa su desolación.
Al día siguiente de la muerte de Favaloro me dice:
"Carlos, se inmoló".

Carta del Dr. Alberto J. Crottogini

Buenos Aires, 4 de septiembre de 2000

Querido Carlos:
Ocho y media de la mañana. En la esquina de Ro-
dríguez Peña y Viamonte, automáticamente, levanto
la vista del libro de Galeano y miro por la ventanilla
del 150. Pienso: "En Tucumán por ahí sube Carlos."
Es algo que siempre que vengo en colectivo espero que
ocurra, porque anticipa un ratito de placer.
En una fracción de segundo tomo conciencia de que
ya no, y siento que algo en mí se empobrece.
Recuerdo, como en un relámpago, algunas charlas
sobre libros, mujeres, ciertos personajes del laburo.
Recuerdo la mañana de lluvia en que me enfurecí con
un prepotente que me empapó mientras esperábamos
para cruzar Belgrano, y Carlos, de puro amigo, de
puro leal nomás, corrió conmigo para pegarle.
El viernes a la tarde leí tu renuncia. Un texto digno.
Pienso: cuánta coherencia. Pienso: su padre sabe. Un
fuerte abrazo

ALBERTO

Acompaño a René a la panadería y luego a la fru-
tería. Más tarde estaciona su Peugeot frente a una

pizzería sobre Callao. Compra unas empanadas para su casa. No tenía ganas, ese día, de preparar la cena. Antes la había llamado a Tony.

Estamos en su despacho. Se está cambiando para salir. Lo veo relajado, receptivo. Conversamos de temas ajenos a la Fundación. Por un momento volvemos a aquellas conversaciones profundas, afectivas, genuinas. Vienen escritos, "la Loren", Bochini, el aroma de los tilos de la plaza San Martín de la ciudad de La Plata, una casa entre la 7 y la 50, Arauz, la fascinación y el deslumbramiento por una cita de Kant o la emoción del recuerdo de Mason Sones.

Camina con agilidad. Sube las escaleras de dos en dos. Tiene una salud formidable. Habla sin cesar de San Martín, de un proyecto de un nuevo libro sobre Henríquez Ureña, de la corrupción de estos mandamás. Se queja de la gente que lo rodea, de la incapacidad, del egoísmo. Se siente con una responsabilidad enorme. Tiene que llamar al presidente. Ya habló con el ministro de Economía y con el de Salud. Me saluda, ya va a entrar al quirófano. "Te llamo en una hora", me advierte. Su paso por este mundo estaba lleno de urgencias.

Me habla de la enfermedad de su mujer, su dolor. No desea verla sufrir. Se siente entero, firme. Pero al mismo tiempo advierto un dejo de confusión, de inseguridad. Intenta racionalizar su corazón, su ansiedad. Son días difíciles para él. Me habla de la muerte de su hermano. De un accidente, de una vez que quiso agarrarse a trompadas con un camionero.

Rocío me dice que "desde que murió su mujer no

hay más olor a sopa en esa casa". Voy al teatro y luego vamos a cenar afuera. Conversamos hasta tarde, hasta la madrugada bien entrada. No tocamos el tema de la Fundación en ningún momento. Por suerte.

En una ocasión le referí a Favaloro mi relación amistosa con el ingeniero Oscar Milstein pues su familia provenía del anarquismo. Éste había formado parte del grupo editor de *La Protesta*. Cuando César Milstein visitó el país por última vez, en diciembre de 1999, fui el encargado —no por azar— de recibirlo en la entrada principal de la Fundación para acompañarlo hasta el despacho del doctor. En el trayecto le manifesté mi profundo honor de recibirlo y le confesé el afecto que siempre había tenido por su hermano Oscar, fallecido en 1992.

Por la tarde, conversando con Favaloro en su consultorio, le agradecí la oportunidad que me había dado al ratificar "vínculos libertarios" con el Premio Nobel de Medicina de 1984.

El proceso de rebarbarización del país, en el cual elites empresariales se ponen al servicio de la burocracia moral, es fácilmente comprobable en los últimos lustros. Favaloro era consciente de esto, como asimismo percibía el significado de ciertos homenajes o distinciones que el filisteísmo le otorgaba.

Al poco tiempo del trágico atentado a la AMIA es invitado por Mirtha Legrand a su programa. Al recibirlo le pregunta, acongojada, qué sentía ante tanta barbarie, ante tal matanza. El doctor le responde que siempre repudió con energía todo acto terrorista, que ésa era la forma en que se manifestaban los autoritarios. A continuación explica que toda religión, cuando se torna intolerante, genera fundamentalistas. Y agrega que los hay entre los musulmanes, los judíos, los protestantes o los católicos. Mirtha, sorprendida, quiere saber quiénes son los fundamentalistas católicos. "El Opus Dei", responde. Yo me encontraba, como era costumbre, detrás de las cámaras. De inmediato presentí lo que sucedería. Al finalizar el programa, saliendo del canal, me mira preocupado. Estaba por abrir la puerta de su automóvil. "Los nombró", dije.

Apenas llego a la Fundación mi secretaria me informa del llamado de un abogado que solicitaba una entrevista urgente con el doctor. Al mes, dos de las más importantes empresas nacionales retiraban la donación que venían realizando desde hacía cinco años.

Favaloro me orientó con intensidad creciente hacia su pasión por la historia latinoamericana, me formó en esa capacidad de ver en lo múltiple, en lo adverso y en lo propicio; el universo se amplió, con él se hizo ilimitado. Descubrí nuevas cosmogonías y mitologías. Descubría el discurso científico, la incertidumbre en otra simetría. "¿Cómo se es lo que se es?"

El hombre piensa y se construye desde su orfandad. Y las leyes de la naturaleza imponen, en forma impersonal, una evolución implacable. Advertí en los investigadores la inteligencia, el esfuerzo, el desinterés. Favaloro apoyaba cada proyecto de su peculio. En lugar de comprarse yates o casas en Punta del Este

72

(¡tantos he conocido así!) él todo lo depositaba en la ciencia, en la investigación básica. "La entropía crece porque hay muchas más formas de desordenar un sistema físico que formas de ordenarlo." Escuchaba hablar de Houssay, Braun Menéndez, Leloir, Milstein, José Luis Romero o Bunge, Baudelaire o Beethoven, Fustioni o Gordon Childe. Evoco aquellos años y la tristeza golpea mi corazón. Azorado veo el presente y la desintegración. Decía el epistemólogo Jean Piaget: "Uno no sabe lo que ve, sino que ve lo que sabe."

Les escribía a mis hijos cartas de felicitación a fin de cada curso. Le maravillaban sus notas y sus progresos. Y en una de sus líneas subraya con énfasis que no hayan faltado en todo un año a clase.

Desplegaba una actividad difícil de seguir. Era exigente, severo, quería controlarlo todo. Poseía una disciplina espartana y lo guiaba una inteligencia que —debíamos reconocerlo siempre— provenía de su especial dotación genética. Su talento unía datos, experiencias, anécdotas. Una memoria de elefante. La información que recibía la transformaba en conocimiento. Si bien trabajaba en equipo, su presencia era innegable: ¡todo lo hacía personalmente! Revisaba puertas, probaba la comida de los pacientes, controlaba los videos, las conferencias, las pruebas de página, las camas, el laboratorio y la limpieza de los pisos. Nada se le escapaba. A su lado uno se contagiaba de su prodigiosa creatividad. Era una verdadera fuente de inspiración que la cedía sin egoísmo, con erudición pero también con afecto. Adiestraba a todos. Ya en su época de médico rural vemos esa característica. En el manejo de la autoridad

—salvo en la parte económica— era también brillante. Tenía un gran sentido del humor, de la dignidad. En los retratos o el homenaje a sus maestros señalaba una línea de trabajo y de conducta. En él la genética, la educación familiar, los afectos y las represiones, los deseos y la neurosis formaban los laberintos conceptuales que no todos eran capaces de advertir. Con él la máxima de Claudiano "la presencia disminuye la fama" no tenía valor.

El discurso del poder es miserable. En cada caso, en todo momento está escindido, hay problemas de fisuras. René no terminó nunca de entenderlo. Se quejaba de que las agujas eran importadas, como el hilo de sutura, los zapatos de cirugía, los guantes, todo. Su muerte significa el sacrificio de alguien que intentaba proponer otra alternativa. Pero lo hacía cerca del poder, casi desde el *establishment*. Imposible. Nunca pudo realizar —a fondo— la denuncia sistemática de un orden social. Lo hablé más de una vez con el doctor Favaloro. Cuando yo estaba en la escuela primaria, por la década del 50, le propusieron a mi padre integrar la cooperadora del colegio. *Liber liberat*, Julio A. Roca, frontispicio, columnas dóricas, plaza Lavalle, Teatro Colón, Tribunales. Mi padre, republicano errante, le dice al director que es el Estado el que tiene que mantener el edificio, y que si el techo se viene abajo él sabrá darles educación a sus hijos. ¿Qué quiere decir esto? ¿Cómo se traduce? En estos años se habla de solidaridad, de beneficencia, de caridad. Todo mezclado. Ceda usted el asiento a la persona mayor, ayude al cieguito a cruzar la calle, la embarazada al lado de la pared, done sus órganos. Es la beneficencia individual, que no modifica el régimen de vida. Se cubre lo que tiene que hacer el Estado. Nos han vendido el discurso liberal del poder. Trabaje, ahorre, su hijo será doctor, presidente de la República, premio Nobel...

No hay producción, hay producto. Ideología pura. Hay constantes. Favaloro las negaba o no quería verlas. Yo se las señalaba hasta la obsesión, de la mejor forma posible. Desde él, una constante de dureza que era su proyección personal permanente. El espacio médico, quirúrgico, es también un mercado. La coherencia en función de la elección de determinados símbolos y signos. Hay discursos desde el poder y otros desde la silla de mimbre. Un discurso marginal, vinculado a los vecinos, al patio, al fondo de la casa, el del alma débil, el del barrio. Luego se solidifica el discurso, se hace la cultura de la fachada, del mármol. Aparecen los buenos modales. Él ve, siente, intuye. Y piensa. Pero lamentar su proyecto implica costos, descreer, corroer, cuestionar valores. No sólo médicos, de mercado. Ideología pura. No se puede llevar adelante. El sistema se mantiene, se sostiene con el llanto. Se debe renunciar, corroer, destrozar.

Favaloro ingresó en la Facultad de Ciencias Médicas de la Universidad reformista y liberal de La Plata, expresando ya su vocación social, su interés en la ciencia. Ya en la década del 40, formaba parte del movimiento de las "Escuelas Quirúrgicas" (1934), con particular sello platense. Debemos recordar que en ellas el Juramento Hipocrático, el método y el juicio anátomo clínico y el internado hospitalario (que venía de 1802) eran bases fundamentales. Asimismo, los cánones de la Revolución Francesa, con sus principios de Igualdad, Libertad y Fraternidad.

Los hechos íntimos y personales de Favaloro son ordenados por el profesor Mainetti con la madurez, con la verdad mediadora que posee valor de iniciación. Este testimonio nos acerca al joven discípulo: "Conocí a René Favaloro en 1946, como alumno de la Sala V del antiguo Hospital Policlínico, en momentos difíciles de intervención a la Universidad, cuando era delegado estudiantil, rebelde, en defensa de la libertad y la cultura, y sufría persecuciones políticas. Fue uno de los 'internos' del policlínico, y se graduó en 1949."

Un año después de graduarse visitó nuestro país un gran cirujano torácico de origen sueco, el doctor Craaford, invitado con su equipo, por el ministro de Salud provincial de la época. Este cirujano operó en el servicio del profesor Mainetti. Fue entonces cuando eligió al más joven para que ingresara al quirófano y se interiorizara de su organización y técnica. Éste fue Favaloro. La intervención, a decir de Mainetti, fue brillante y segura, y el posoperatorio inmediato perfecto. Sin dudas este episodio produjo un gran impacto en Favaloro, que ya entonces, por sus condiciones, se estimaba que podía llegar a ser un gran cirujano universitario y académico. A partir de este hecho Favaloro empezó a definir a Mainetti como "su maestro". El mismo profesor lo cuenta así: "Tuve la honra de que me considerara de este modo, y que siguiéramos vidas paralelas en nuestras realizaciones, donde siempre existió un devoto respeto mutuo, y nunca mantuvimos relaciones comerciales, pero sí intelectuales y espirituales, como debe ser en el vínculo maestro-discípulo".

Nos engañaron con una exaltación. Si trabajo, soy honrado, buen hombre, llego a lo que deseo. El telar de doña Paula Albarracín. Ése es el modelo del siglo XIX. Ya en 1930 se empieza a descreer del trabajo, del esfuerzo. En los años 50 es historia antigua. Él nace en 1923. Dice "no entro en este juego, es miserable". Ve la feria, la farsa, la delación. Quiere despegarse, siempre intenta despegarse. "Una cultura invisible." "Esto no va más."

Inicia un itinerario fascinante para algunos sectores del poder. Intenta descifrar ciertos aspectos pero su profesión se lo impide. Para decirlo de manera provocativa: su proyecto era el mejor y el más claro de todos. Por eso el poder intentó canonizarlo, pero se les escapaba. Definitivamente se encontraba fuera de las academias o los museos. El campo, Hudson, las aves, eran sus categorías. Opinaba en contra de la sociedad de consumo, no se quedaba con la pasividad del diploma ni de las condecoraciones.

Estamos intentando demostrar la hegemonía del poder, de los buenos modales, de los apellidos tradicionales. Por eso Favaloro era, se presentaba para cierto estatus "desagradable", poco elegante. *Ex profeso* decía *fulbo*, barrio de El Mondongo, siciliano, hijos de puta. Se mofaba de aquellos que parecían lores ingleses o almirantes alemanes. Sabía esas estrategias, las desenmascaraba. Tenía indignación, sentía que una sociedad perdía paulatinamente su capacidad crítica. Y eso es parte de la globalización, de la sumisión. Veía la complicidad de sus pares, de los medios, de los embajadores. Y también se cuestionaba. Cuestionaba su símbolo, su sensatez, su modelo. Hablábamos de los últimos cien años de política argentina, cómo se fue manejando la política desde la generación del 80. Y antes. Y los lumpen. Pero los caballeros que lo rodeaban eran más sagaces, más astutos. Buscaban las escenografías. ¿Recuerda, doctor, cuando le señalaba las palabras de ciertos personajes que lo adulaban, el lenguaje de poder o de altura, de imbecilidad o alcahuetería que utilizaban? Serios, solemnes como si tuvieran el cerebro de Schopenhauer o Voltaire. Soberbios sobrevolaban la excepcionalidad. Y acrecentaban despachos. Estaba atado a ellos. Debía haberlos mandado a la mierda. "Me están usando", repetía. Pero era usted quien construía eso. "¿Cómo se hace?" Lo pensé, se lo dije: "Ése es un pelafustán, es un sinvergüenza, ése es un pederasta." Y yo ya no llegaba al final, no me escuchaba. "La exaltación de los valores." Quedaba el afecto, el cariño, pero no me escuchaba. Y usted me decía "pan y circo", "tengo las pelotas atadas", "son todos unos ineptos". Ésa era la ideología, doctor. Se la describí en el poema "Bureaucratie". Le dije: cobran sus comisiones con talco y brillantina, son sensatos de urbanidad y de bostezos, creyeron en el himno, en las placas del héroe, en la tecnología digital. Por esos días decidió quedarse con un 357 Magnum, marca Taurus, plateado, con la empuñadura negra de goma. Y comenzó a practicar en un polígono de tiro. Y lo sabíamos tres personas que lo amábamos.

El juez Julio Cruciani —su padre fue un importante médico, fundador del servicio de pediatría del Hospital Ramos Mejía— hizo unas declaraciones que se publicaron el 6 de agosto de 2000.

*El juez en lo Penal Económico de Capital Federal
Julio Cruciani denunció ayer que el Estado demandó
a la Fundación Favaloro, pese a que adeudaba a esa
entidad —cuyo titular era el prestigioso médico que
se suicidó el sábado— un monto superior al reclama-
do. Cruciani explicó que, "impresionado por el suicidio", se reunió esta mañana con su par del mismo
fuero Julio Speroni, para tratar una causa de vieja
data caratulada "Fundación Favaloro sobre infrac-
ción a la Ley Penal Tributaria". El juez explicó que
"la Fundación, como tantas otras entidades en el
país, debía aportes previsionales, y la causa se encontraba a la espera de un informe, después del cual
podrían citar a René Favaloro a una declaración
indagatoria". "Obviamente", sostuvo, "este hombre,
con el enorme prestigio que tenía, se iba a sentir
manoseado, cuando el Estado nacional tenía con él
una deuda por una suma mucho mayor y no está
previsto un mecanismo de compensación". "Por lo que
leí en los diarios", agregó, "el hombre estaba bien,
tenía proyectos pero tenía problemas económicos, por
lo que no podemos descartar que la evolución de ese
caso lo haya llevado al suicidio". El magistrado
agregó que "el PAMI y otras obras sociales le debían
plata, el Estado le debe más de lo que es acreedor y
no hay un mecanismo de compensación para estos*

casos". "*Éste es el país que le pega al que hace algo*", lamentó, "*y en este caso iban a manosear a un hombre de un enorme prestigio, que se iba a ver en la disyuntiva de cerrar los quirófanos para pagar los aportes previsionales*". *Cruciani no se limitó al caso de Favaloro, sino que dejó entrever que conocía un caso similar con otro médico muy prestigioso, que tiene una causa por contrabando "inventada". El juez aseguró que Favaloro podía ser recibido por el presidente norteamericano Bill Clinton, pero "acá llamaba a la ANSES y el jefe de una sección no le contestaba la llamada, y no podemos silenciar que este hombre estaba al borde de una imputación".*

René Favaloro consideró —como pocos— la acción y el pensamiento. El tiempo dejó en mí queridas y ciertamente íntimas imágenes. En el decurso de mis años he conversado con personas famosas, ninguna me impresionó desde el primer día como él. Ni siquiera de un modo análogo. Único. No exhibía su inteligencia, crecía desde el diálogo, era el centro. Afirmaba o negaba de manera rotunda. Su elocuencia era admirable. Recuerdo su mirada, su figura, sus manos. Cuerpo y espíritu se elevaban juntos. De él heredé muchos hábitos. El mejor: ser solidario con el que sufre. Favaloro era la vitalidad, la joven eternidad de los semidioses. Lo incomodaba que le hablasen de banalidades, de intimidades de entrecasa. Anhelaba siempre la verdad.

Su actividad mental era incesante y la exposición veloz. Por momentos al expresarse no le interesaban ni las reputaciones ni las loas. Imperturbable seguía su idea, su camino. Favaloro cometía el generoso error de atribuir bondad o capacidad a mucha de la gente que se le presentaba. Sospecho que tenía la superstición del argentino.

No era friolento. Una vez más lo recuerdo con su poncho de vicuña. Cocinaba y muy bien. Me dictó recetas de su abuela. Una anécdota casi desconocida. Cuando llegó por primera vez a los Estados Unidos sabía poco y nada de inglés. Los primeros seis meses se le hicieron muy duros. Pensó que su camino no era la cirugía, tuvo miles de dudas. Sabía que no podía fracasar, es decir regresar. Tomó contacto con unos italianos, de Sicilia. Tenían una casa de pastas. "Yo me iba a asociar con ellos, estuve a punto de hacerlo. Si esto no va, me decía a mí mismo, fabrico pastas." Esta anécdota corre el albur de parecer ridícula pero da una imagen acabada de su personalidad.

Diariamente se dejaba llevar por el frenesí laboral como un nadador en el torrente de un río. Su acción era tan vívida como la agitación que generaba. De la historia a la medicina, de ésta a un tema de bioética, de aquí al consultorio, de un paciente a un partido de fútbol y a redactar cartas pidiendo ayuda para un proyecto único. Amaba la música más que la pintura. Quería persuadirse, y persuadirnos, de que lo que uno se propone se puede lograr. "Cuando se es joven se es para toda la vida", afirmaba Picasso.

Jamás le interesó el mecanismo de la fama ni su obtención. Se mofaba de aquellos colegas que hacían la carrerita burocrática consiguiendo cargos en sociedades y entidades médicas. En más de una oportunidad hablamos de que era más fácil ser presidente, economista, empresario, senador, obispo o general que hombre de bien. Advertía cómo desde el poder se evocaba y se miraba al hombre desposeído, al humilde, al "croto".

Cuando afirmaba la realidad, sin darse cuenta afirmaba su pasión. Favaloro nos ofrecía a aquellos que lo tratábamos a diario —y nos sigue ofreciendo— el gesto incomparable de un hombre que indiferente a las vicisitudes de la fama y del éxito vivía el cariño cotidiano, la sencillez. Más allá de las afinidades o divergencias encontrábamos a un hombre de a pie. En mi memoria la reservada presencia de su afecto.

Es una larga historia la que relata la domesticación del morir por parte de la medicina. (Dr. José Alberto Mainetti)

En una oportunidad, invierno de 1996, le propuse si quería dictar una conferencia en la Federación Libertaria Argentina. Sin vacilar aceptó. Él, un hombre de una dimensión internacional indiscutible, hablaría sobre la salud en nuestra sociedad en la vetusta biblioteca anarquista. Y lo hizo con placer. Ese día la FLA estaba como pocas veces la vi. Más de trescientas personas, viejos anarquistas y ávidos estudiantes escuchaban a Favaloro exponer con claridad, con celosa pureza docente, estadísticas y ejemplos sobre la desnutrición, el hambre y la desigualdad social. También concurrió cuando presenté mi libro *Los gallegos anarquistas en la Argentina*. Fue allí donde le presenté a Osvaldo Bayer y juntos dialogaron con fervor en una de sus salas.

Ni la ostentación ni la vanidad intervinieron jamás en su proceder. A la distancia, su presencia nos honra. Maestro no es aquel que se aplica a la tarea mnemónica. Maestro es quien enseña con el ejemplo, una manera de tratar cada cosa, un diálogo socrático para interpretar el universo. Una entonación, un ademán, una mirada nos daba la virtud que hoy perdimos en este desdichado país.

Es natural y acaso inevitable que su presencia generara envidia entre médicos y no médicos. Nuestra historia está hecha por arquetipos en general deleznables. Populistas, demagogos, ladrones o asesinos devienen a través de los tiempos en próceres. Es curioso advertir un pueblo haciendo la apología reiterada de seres marginales y corruptos. Entre otros hechos esta circunstancia explica en parte nuestra actual crisis, nuestra profunda declinación. Desde el cuchillero, el mártir o el caudillo —con levita o sin ella— venimos formándonos en esta suerte de "destrucción genética". La virtud de Favaloro queda demostrada en su eficacia. Nuestras guerras civiles y tiranías fueron estudiadas por él. Una de sus últimas conferencias sobre Artigas manifiesta su visión. Favaloro quiso que su destino personal estuviese ligado al de la América mestiza. Su aspiración, su esfuerzo, su conducta fueron hipersensibles y siempre estuvo en contra de la iniquidad y la barbarie. No es casual que me pidiera que lo conectara con Eduardo Galeano y con Juan Gelman. No es por azar que don Ezequiel Martínez Estrada le haya regalado a él su lapicera como legado.

Lapicera que hoy no sabemos dónde se encuentra ni quién es su afortunado poseedor.

El viernes 30 de marzo de 2001 se le rindió un homenaje al doctor René Favaloro en Santa Rosa, La Pampa, al imponer su nombre al salón de conferencias de la sede del Colegio Médico. Por primera vez hablé en público después de su muerte. Me acompañaron el artista plástico Eduardo Ferma y el doctor Juan Harb, seres transparentes. Allí conocí también a la cardióloga Analía Molteni. Por la mañana ofrecí una conferencia de prensa en el Colegio Médico. El sábado 31 se publicó en el diario *La Arena* una reseña. Entre otras cosas leemos: "Amigo personal de René Favaloro y visiblemente emocionado por la situación, Eduardo Ferma participó de la conferencia de prensa y se dio con ello un toque sensitivo. 'Sé —dijo— del entrañable cariño que el doctor le tenía a Carlos. Y voy a comentar una infidencia: en uno de los últimos llamados que me hizo René una noche me leyó un poema y me dijo: *mirá, Carlos está escribiendo cada vez mejor*, con esa sensibilidad que tenía. Él siempre me hablaba de Carlos. Era un ser ultrasensible, capaz de ver una gota de aceite en un charco de agua y decir: *miren, qué pena, un arco iris muerto*'". La llamada ocurrió una semana antes de su muerte. Desconocía ese hecho que me sigue conmocionando intensamente.

Ferma es nieto de "la abuela", "doña Irene" o "*la Pico Chueco*", abuela paterna nacida el 28 de junio de 1884 en Galicia. Falleció en Jacinto Arauz el 22 de julio de 1959. Curiosamente el certificado de defunción lo

84

extiende el doctor René Favaloro con Eduardo y Federico Holtz como testigos. *La Pico Chueco*, personaje inolvidable de *Recuerdos de un médico rural*.

El doctor René Favaloro describió en *Don Pedro y la educación* (1994) el deterioro de nuestro sistema educativo puntualizando sus causas en el orden institucional, económico, social y, por supuesto, cognoscitivo. Pero además enfatizó el efecto corrosivo y desintegrador de la pobreza. Y señaló la perniciosa influencia de la televisión. Quiso, entre otras cosas, propiciar el diálogo y el debate para asumir el ejercicio de valores esenciales. Intentó que el lector reflexionara en torno de los valores intelectuales y éticos recibidos. Describe allí su infancia y adolescencia, en donde recibe una sólida formación humanística. Habla "del humanismo militante con profundo contenido social en defensa de la libertad y la justicia". Dice que la educación estará permanentemente centrada en la búsqueda "del hombre libre abierto a los cuatro vientos del espíritu". Y al evocar a Henríquez Ureña —no sin antes señalar "que el goce de la libertad individual conlleva un compromiso social en procura de un ideal, una utopía"— señala aquella frase del educador: "la tierra de promisión para la humanidad cansada de buscarla..."

Favaloro leerá a Bergson, a Croce, a Alfonso Reyes. Y también *El Estado y la Revolución Proletaria* de Lenin. Y a Martí, Rubén Darío, Gutiérrez Nájera, Amado Alonso...

Pero también relata su infancia, los juegos, los baldíos, la rayuela, el *ainenti* —mi generación decía *tinenti*—, el rango y mida. Y habla de sus abuelos, padres y tíos. Y del hermano. Y de los Moszenberg que llegaron de Polonia "y en medio de su pobreza eran un ejemplo para todos". En la Fundación lo conocí —y me hice amigo— al doctor Abram Moszenberg, al formar parte del Comité de Ética. Él era el presidente. Abram es uno de esos seres que comprenden el alma del prójimo, que lo escucha, que dice la palabra precisa, equilibrada, afectuosa.

Hacía tiempo que Favaloro estaba harto de mascaradas, de grotescos simulacros, de una cristalización sorda y multiforme. Fue desgastándose en entrevistas y peticiones con sucesivos gobiernos, con ministros, con generales, con ex presidentes, con empresarios. Presentaba carpetas, planos, bibliioratos. Iba y venía. Cenas, almuerzos, *lunchs*, embajadas. En el fondo los rechazaba y los condenaba en bloque. Enviaba cartas rogando ayuda. No las leían. De casi ciento treinta cartas que firma y hace llegar en un mes, sólo le responden tres contestando que nada pueden hacer. Sabía que definitivamente se habían desplazado del centro espiritual. Eran incapaces de imaginar y sólo explicaban su inercia desde la apariencia, desde los despachos, desde los umbrales agotados del alma. Una conflagración de atmósferas minúsculas, despreciables. Reptan en la oscuridad del poder. Están alejados de la Naturaleza, de su esencia. El pensamiento y el amor tienen el enemigo en los cortesanos, en el fanatismo. En los que llevan una vida sin principios.

Si se pudiera distraer de su trabajo a todos los cirujanos, a todos los psicoanalistas, a todos los médicos, y reunirlos por algún tiempo en el gran centro de Epidauro para debatir, en la paz y el silencio, las necesidades inmediatas y urgentes de la humanidad, la respuesta unánime no se haría esperar: REVOLUCIÓN. Revolución mundial, de arriba abajo, en todos los países, en todas las clases, en todos los campos de la conciencia. El enemigo no es la enfermedad; la enfermedad no es más que un subproducto. El enemigo del hombre no son los microbios; es el hombre mismo, el orgullo, los prejuicios, la estupidez, la arrogancia. (Henry Miller)

La muerte de Favaloro es pasional. Pero sobre todas las cosas es buena. Es infantil, ingenua. Me parece superfluo en su caso hablar sólo de su talento. Tuve el privilegio de trabajar a su lado y de conocerlo durante veintidós años. Compartimos confidencias, ilusiones, proyectos y, por qué no decirlo, abatimientos. Durante esos años supo perdonarme muchos defectos. Y alentarme día a día en mi vivir para la poesía. Siempre fue un interlocutor afectuoso. De él aprendí que lo fundamental son siempre las emociones del corazón. Junto a él, releyendo a Unamuno, señalaba que debemos buscar la verdad y la belleza. Y dejar a un lado la vanidad, las crípticas intelectualizaciones que a tantos académicos o no académicos les gusta hacer notar. La medicina era uno más de los sesgos de su ejercitación ética.

Carta abierta al Presidente
Julio María Sanguinetti

Buenos Aires, 2 de noviembre de 1999
Exmo. Presidente de la República Oriental
del Uruguay
D. Julio María Sanguinetti

De mi mayor consideración:
Desde siempre mi profesión me enseñó a caminar junto con los sentimientos más humanos: el dolor y la alegría, la angustia y la esperanza. Como ciruja-no, día a día debo luchar contra la muerte. Ganar esa batalla por la vida representa una gran satisfac-ción.
Sin embargo, no hay nada que produzca mayor ale-gría que el nacimiento de un ser humano. Ese acto natural pleno de amor, homenaje a la vida misma, no tiene comparación alguna. En mi época de médico rural ayudé a dar a luz a innumerables niños en los ranchos pampeanos. Jamás olvidaré el júbilo por el recién nacido. La ternura inefable de la madre al acu-nar por primera vez a su hijo en los brazos es de una belleza indescriptible.
Con la medicina como base y el respeto a la vida como impulso comencé a estudiar y diagnosticar también las enfermedades de esta sociedad injusta en que me toca vivir.
Mi defensa por la vida y los derechos del hombre, mi pasión por la historia, el dolor que siento por Latino-américa son las razones por las que decidí escribirle,

señor Presidente, consciente de que la República del Uruguay es un país con hondas raíces democráticas.

Juan Gelman, uno de los poetas más importantes de esta tierra, está buscando desesperadamente a su nieto nacido en cautiverio. Pero estas líneas no las escribo porque Gelman sea un poeta reconocido. Me resulta atroz la búsqueda de una criatura. Me resulta atroz que su madre haya sido secuestrada a fines de 1976, embarazada de ocho meses. Y me resulta atroz que se hayan perdido los rastros en Montevideo a fines de diciembre de ese año. Creo que la desaparición de niños es la más atroz de todas las tragedias que nos tocó vivir.

Señor Presidente, le ruego que haga todo lo posible, lo que esté a su alcance, para que dé a conocer qué ocurrió con el recién nacido y su madre. No es sólo mi pedido, sino el de tantos otros que buscan una respuesta. Sería, sin lugar a duda, un ejemplo para la humanidad. Y daría algo de sosiego para los abuelos, quienes hace tantos años conviven con la incertidumbre y el dolor. Atentamente.

DR. RENÉ G. FAVALORO

El avance científico básico y sus aplicaciones tecnológicas han permitido a la medicina logros y metas impensadas hace apenas cincuenta años, pero también han transmitido a la sociedad un mensaje de omnipotencia y de poder que tiende a olvidar que la muerte es siempre el fin de la vida. (Dr. Carlos Gherardi)

La *Biblia* no contiene disposición alguna que prohíba al hombre matarse. Y, además, las creencias

89

relativas a otra vida son en ella muy indecisas. La enseñanza rabínica quiso llenar lagunas pero sin autoridad. Las demás religiones intentan argumentar en contra del suicidio no para proteger al hombre del deseo de autodestrucción sino porque constituye un punto de organización social. Cuanto más autoritario es el Estado —y la comunidad religiosa— los dogmas y los mitos más frecuentemente integran al individuo, nos controlan.

Flavio Josefo dice que "los cuerpos de aquellos que se den voluntariamente la muerte permanecerán insepultos hasta después de la puesta del sol, aunque sea permitido enterrar antes a los que han sido muertos en la guerra". Es evidente que no era una medida penal.

El suicidio varía en razón inversa de acuerdo al grado de desintegración de la sociedad.

Gritad, tocad más gravemente los violines /luego subiréis como el humo en el aire/ luego tendréis una fosa en las nubes /allí no hay estrechez. (Paul Celan)

Una vez sola fumé delante del doctor Favaloro. La pipa creo que sintió, igual que yo, una mirada que lo petrificaba todo.

El suicidio de Favaloro expresa una situación sin salida de la clase social que gobierna el país. Favaloro era, después de todo, un hombre del establishment. Partidario de la privatización de la salud y la universidad, su Fundación debía beneficiarse con la "desregulación" de las obras sociales y el desarrollo

del negocio de la salud. Por eso no cuestionó la po-
lítica de demolición de las obras sociales y se puso
a la cabeza del (frustrado) "seguro de salud" de la
provincia de Buenos Aires, un sistema de medicina
prepaga que corría con la ventaja de tener asegurado
el mercado del IOMA. Impulsor de la desregulación,
fue su víctima a la hora de competir en el "mercado"
de la salud, en el que tuvo que actuar en el último
tramo, sin poder contar con un prometido subsidio
estatal de 8 millones de pesos, que fue eliminado del
Presupuesto a iniciativa de la Alianza.
¿Con cuánto se "salvaba" a la Fundación Favaloro?
¿Por qué ni el Estado ni los privados le tendieron una
mano y dejaron caer una "institución de excelencia"?
El suicidio de René Favaloro representa un acto de
impotencia de una clase social, la que dirige este país.

CHRISTIAN RATH
"René Favaloro, la agonía de un régimen social",
Prensa Obrera, 18/8/2000

Al poco tiempo de conocerlo el doctor quiso brin-
darme lo mejor de sí, homenajearme con su amistad. Me
invitó a presenciar una cirugía que iba a realizar. No tuve
palabras para agradecerle pero le dije que me desmayaría
apenas entrara al quirófano. Me respondió que no, que
no tuviera miedo, que me pondría una enfermera a mi
lado. Le señalé que iba a tener que acostarme en otra
camilla y que seguramente después iba a tener que ope-
rarme a mí. Sonrió. No se pudo hacer por mis limitacio-
nes hipocondríacas. Y el horror a la sangre.

Y, ciertamente, estoy muerto desde hace mucho, ya estoy suicidado. Me suicidaron, es decir. (Antonin Artaud)

Obsesivamente comenzó a enviar cartas de puño y letra. Más de un centenar. A dueños de industrias farmacéuticas, a embajadores, a empresarios, a hombres del gobierno, a directivos de diarios. El encargado de hacer el seguimiento era yo. Días enteros pendiente del teléfono. No hacía otra cosa que llamar a toda hora. Si la habían recibido, si la habían leído. Que la secretaria salió a almorzar, que el gerente general estaba en el exterior, que se traspapeló, que no había presupuesto, que llamara en veinte días...

Gente de su confianza veraneaba en las Galápagos. A un empresario argentino, prominente millonario, le finalizaba la carta —después de reiterados ruegos económicos—: "como dice el paisano, 'cuando uno anda de culo todos los nabos están de punta.'" Este hombre se presentó a la Fundación y pidió disculpas al Consejo de Administración por no haber tenido tiempo para leerla. Dejó bien en claro, también, que no iba a colaborar. Pero de esto hablaremos luego.

Me gana la parálisis, impidiéndome, cada vez más, regresarme a mí mismo. Ya no tengo apoyo, ya no tengo base... no sé dónde me estoy buscando. Ya no puedo oír mi pensamiento a donde lo empujan mi emoción y las imágenes que se yerguen en mí. Hasta en mis últimos impulsos me siento castrado. (Antonin Artaud)

El doctor Favaloro formó parte de la Comisión Nacional sobre la Desaparición de Personas, creada el 15 de diciembre de 1983 por decisión del doctor Raúl Alfonsín. Su principal objetivo fue esclarecer el horror producido en el país por la acción represiva, por el terrorismo de Estado que se instaló en 1976. El doctor Favaloro renunció a los pocos meses. Fui uno de los elegidos a quienes leyó en privado su carta de renuncia. Su deseo era investigar las desapariciones, los secuestros y las torturas no desde 1976 sino a partir del 73, pues entendía que la Triple A, el gobierno peronista y en particular su cara visible —José López Rega, secretario privado de Perón— fueron el anticipo, el globo de ensayo de la tragedia. La Comisión entregó su informe al presidente de la República el 20 de septiembre de 1984.

Cuántas veces hablé con el doctor Favaloro de las grandes familias argentinas. La economía borra siempre los límites morales —y por supuesto legales— para crear una suerte de espíritu corporativo. Todos o casi todos lucraron desde la época de la Independencia. Y la tierra fue quedando en las manos de las grandes familias, la clase alta tradicional. Empezaron como comerciantes, tenderos o contrabandistas. Luego fueron estancieros, terratenientes, para terminar gobernando el país. Cuántas veces habremos señalado su insensibilidad social, la moda *parisienne*, las *maisons closes*, los bacanes y cajetillas que hablaban de la "idea de país", de no olvidarse la lengua materna, es decir la inglesa. Y de aquel presidente que fue aconsejado por un íntimo amigo para que no aceptara el bastón presidencial "por-

93

que es de madera del país y con borlas de muy mal gusto". Y de las clases altas en las provincias, de los clubes sociales, de los abogados de empresas extranjeras, del mecanismo del endeudamiento, de la Baring Brothers en 1822, de la relación entre clase alta y religión, del marquesado pontificio.

La lucha, en sí, es amarga como todo esfuerzo, y el triunfo aleatorio y movedizo. (Albertine Sarrazin)

El doctor Favaloro hablaba de Thoreau. Le tenía gran admiración. Había comprado en uno de sus últimos viajes a los Estados Unidos una hermosa edición de *Walden*. Dónde estarán los libros de su biblioteca, me pregunto a menudo. En solitarias confidencias me manifestaba ese amor entrañable por los libros. Yo le hablaba del mito del libro como símbolo del universo, como en los autores del Renacimiento. "¿Por qué vivir con tantas prisas y malgastando nuestra vida?", escribirá Thoreau.

Se confunde el recuerdo, el ideal, con lo que verdaderamente fuimos. Vienen voces e imágenes transfiguradas en un intento vano de abolir el tiempo. Escribe Arturo Marasso, amado por ambos, en el *Libro de Berta*: "...un lápiz, una pluma, un utensilio adquieren permanencia, valor, memoria; su ausencia les quita fuerza, el objeto de ser, la proximidad..."

¿Qué decir de quien nos enseñó el entusiasmo, el esfuerzo, la humildad? Es difícil escribir de aquellos seres por los que sentimos veneración. Tal vez, después de largos años, comprendamos la significación de su vida, de su trayectoria. El dinero, Favaloro lo empleó para construir laboratorios, para comprar filmadoras y equipos, para modernizar las clases, la investigación básica. Junto a él aprendimos una relación más honda del saber. Sus manos y su bella cabeza llena de pasión nos transmitían energía y una actitud práctica en la vida. Nos mostraba el verdadero saber al conversar sobre la calandria o la Naturaleza, sobre los inapreciables tesoros del jacarandá o del palo borracho. Era un largo soliloquio, un diálogo entre nuestra más profunda intimidad humana. Nada junto a él era insignificante. Su propia escritura tenía un poder catártico. Desalentado o avergonzado por una sociedad a la que veía derrumbarse volvía a la naturaleza. La prefería, en sus últimos años, a los museos, a los libros, a los monumentos. Su asombro crecía ante la gente sencilla, ante la urgencia del destino. Una vida entregada al saber universal. El bisturí era una parte. Su actitud docente tiene valor de iniciación, nos da una experiencia intransferible. Cuando hablaba de la belleza de una rama seca descifraba de ésta su ejemplaridad ética.

Mi visión

El hijo mayor de siete hermanos. Carpintero ebanista con taller en los fondos. Ejercitación del trabajo manual que marcaría tendencias futuras.
La madre modista con intensa contracción al trabajo, ejemplo de vida que marcaría una conducta.

95

El Colegio Nacional de La Plata con los grandes maestros (Martínez Estrada, Henríquez Ureña) formaron un espíritu inquieto y liberal.

La facultad, el accidente del hermano Juan José y la necesidad de tomar determinaciones límite desde temprano. Los encuentros con el tío médico (el primero de los siete médicos de la familia) en Piñeiro, Avellaneda. Arturo, mi padre, acompañándolo en las visitas domiciliarias; otro contacto más con la realidad de la medicina y dando un panorama, complementando su ejercicio en sus distintas facetas. Una visión del fútbol, de los problemas sociales, del destino político. Su detención en las luchas estudiantiles.

La aflicción de ver al tío Arturo esposado, por razones políticas, al concurrir al velatorio del abuelo Gerónimo, iba formando una visión muy clara de la sociedad en la que debería desempeñarse.

El internado en el policlínico y su formación quirúrgica base de todo su desempeño futuro. Llegó a La Pampa casi por accidente a reemplazar, por unos meses, al colega con problemas de salud, y se quedó once años donde mostró parte de su potencial profesional con innumerables iniciativas innovadoras para su época. Un solo ejemplo: creó un banco de sangre viviente, habiendo agrupado a la población apta para la donación.

Como era habitual en él, de manera infatigable, hace averiguaciones y contactos y se decide por la Cleveland Clinic, adonde arriba en 1962. En abril de 1967, después de algunas etapas intermedias, concreta el

96

primer by-pass *coronario tal cual lo conocemos hoy, con todo el camino recorrido en los años siguientes.*

Una pequeña anécdota. En 1981 realicé con Teresita, mi esposa, mi primer viaje a los Estados Unidos, invitación de René. Recorriendo Cleveland nos lleva a conocer la casa en la que había vivido. Una hermosa casa en una pradera. El diseño armonizaba con la vegetación. En medio del parque pasaba un arroyo. Todo era serenidad, paz. Un clima acogedor. A metros del arroyo, la quinta que trabajaba con pasión en los momentos de ocio. Amaba su huerta, los amaneceres, la naturaleza. Sufría profundamente cuando veía un árbol muerto o se enteraba que habían cercenado su vida.

En 1970 decide regresar a su Argentina porque, como solía reiterar, estaba "machimbrado" con esta tierra. Comienza un nuevo emprendimiento en su vida, el tercero, en el Sanatorio Güemes. Allí empieza el desarrollo de su proyecto profesional principal: funda el Instituto de Cardiología y Cirugía para atender a todos los pacientes sin distinciones de ninguna clase, hacer investigaciones y docencia.

En 1975 crea su fundación, trampolín para concretar su proyecto. En 1980, René envió una nota a sus cirujanos staffs; en uno de sus párrafos enumera las etapas de desarrollo de la cirugía cardiovascular a implantar en el futuro, en especial los transplantes de órganos. Se fueron concretando, paso a paso, tal cual fueron escritas.

También en 1980 se colocó la piedra fundamental del edificio del Instituto en la avenida Belgrano. Inaugurado en 1992, fue puesto en funcionamiento el 2 de junio. Se realizó la primera cirugía el sábado 20 del mismo mes, día de la bandera. Comenzaba a los 69 años por cuarta vez a desarrollar un nuevo emprendimiento en su vida.

Aquí se concretaron todos sus sueños profesionales, asistencia cardiológica completa y prevención, investigación básica, clínica y docencia. Esta somera descripción de los que serían hitos en su vida profesional da pie a un análisis de ciertas cualidades humanas que han hecho posibles estos logros.

Constancia y tenacidad para llevar adelante sus ideas, especial inclinación a la conducción de grupos humanos. Liderazgo en las ideas, conocimiento en especial de la condición humana que le facilitaba el manejo estratégico para obtener sus objetivos. Ideas claras del destino final a lograr. Facilidad para la comunicación individual y la exposición pública. Gran capacidad y resistencia física para la tarea quirúrgica, con fuerza inagotable a cargo del equipo quirúrgico hasta su último día, creatividad en el momento de realizar un acto operatorio, con lo que lograba el éxito en casi todos los casos complejos, precisión de movimientos en los gestos quirúrgicos hasta su última cirugía.

Toda su vida fue una sucesión de proyectos, concretados casi en forma matemática, su sostén vital fueron esos proyectos, esos desafíos. Sobre el final, lo que podríamos llamar el frente externo o extrainstitucional, se convirtió en una maquinaria muy difícil de movilizar; su frente interno, en particular familiar, lo demolió. Su muerte, ¿estaba también prede-

terminada, o se quedó sin proyecto? ¿O le destruye-
ron los proyectos?

DR. MARIANO FAVALORO

En mi hogar se hablaba de literatura, pintura, política. Todo lo que tuviera relación con la cultura. Mis hermanos mayores nombraban, junto a mi padre, a Marañón, a Ramón y Cajal y a Alexis Carrel, el autor de *La incógnita del hombre*. Favaloro me comentó un día que fue este eminente médico francés —premio Nobel en 1912— el fundador de la cirugía cardiovascular. Y el primero en realizar, a principios de siglo, trabajos experimentales sobre transplantes ópticos y coronarios.

En enero de 1995 conocí en La Coruña a don Joaquín Soto. Primero hablé por teléfono desde Santiago de Compostela y a los pocos días nos encontramos en la bella ciudad —la París de España— con motivo de una conferencia que fui a dictar. Compartimos una cena con el cirujano cardiovascular argentino doctor Alberto Juffé Stein y el escritor Xabier Alcalá, entre otros. Joaquín Soto era el padre de una médica, Marló Soto, que murió trágicamente en su departamento de Buenos Aires en 1991. Su hija había venido a hacer la residencia en cardiología en el Sanatorio Güemes. Allí conoció, entre otros, al doctor René Favaloro y a su sobrino Roberto. Años después, con motivo de distintos viajes, me fui relacionando con don Joaquín. Cuando él viajaba a Buenos Aires siempre nos encontrábamos. Nos unía la *terra*. Lo vi por última vez en el verano de 2000. Primero en mi oficina y luego en el Centro

Gallego de Buenos Aires. Lamentablemente no pude colocar la placa en memoria de su hija como habíamos convenido.

En esta oportunidad el motivo del encuentro se debió al doctor Favaloro, que le había indicado que hablara conmigo. Don Joaquín Soto quería hacer una inversión en Buenos Aires y conversó con Favaloro para que le indicara un *buffet* importante que lo asesorara y representara. Quedó sorprendido cuando el doctor le respondió que debía hablar conmigo. "Carlos tiene gente honesta y capaz." Es así como le recomendé el estudio con que mi familia estaba unida desde siempre, el del doctor Ricardo Busto, hijo de don Gumersindo Busto, eminente jurisconsulto gallego. Lo curioso, incluso para el padre de Marló, fue que el doctor no le indicara a ningún profesional de la Fundación ni de sus conocidos. No fue la primera vez que sucedió esto. Sin embargo, cuando le recomendé a René este estudio para la Fundación o sus asuntos privados, prefirió contratar a otros profesionales. Así le fue, así eran sus contradicciones.

Frases inconcebibles se dijeron en el departamento del doctor René Favaloro el domingo 23 de julio de 2000 por la mañana. Siete días antes se había realizado otra reunión en su casa pero por la tarde. Favaloro advertía que estaba perdiendo vigencia en la sociedad. De todas maneras nunca hubiera fantaseado con que le hablaran de este modo. ¡Y que él no les hubiera respondido con lo temperamental que era! Inimaginable.

En mayo de ese año había formado un Comité de

Crisis independiente del Consejo de Administración que él presidía. El Comité de Crisis estaba integrado por el doctor Oscar Mendíz (hemodinamista), doctor Roberto Favaloro (cardiocirujano), doctor Ricardo Rezzónico (director médico), doctor Gustavo Podestá (jefe de transplante hepático), doctor Federico Villamil (hepatólogo clínico), doctor Sergio Perrone (coordinador de transplante), licenciado Jorge W. Barrientos (gerente administrativo) y la contadora Beatriz Ises, entre otros. Pero ese domingo se encontraban, en Dardo Rocha 2965, la licenciada Ises, el licenciado Barrientos, el ingeniero Perversi, el doctor Rezzónico y Enrique Pescarmona. Roberto se hallaba de vacaciones con su familia en las Islas Galápagos.

Favaloro sentía que comenzaba a perder poder desde la época en que un comentario suyo sobre el examen de ingreso en las universidades —lo dijo el 5 de mayo de 2000 cuando fue a recibir un premio en la Casa Rosada— se interpretó como que era defensor de la universidad privada. No olvidemos que había inaugurado en 1992 el Instituto Universitario de Ciencias Biomédicas de la Universidad Favaloro, y que en 1993 se inició allí la Carrera de Medicina siendo rector el doctor Ricardo H. Pichel. Estas declaraciones convulsionaron a todos los sectores de la Fundación. Si bien para la gente de la calle la Fundación era "el doctor" y "el hospital", en verdad el trasfondo era bastante más complejo. Por un lado, desde 1980 había un grupo de investigadores en ciencias básicas con ciento cincuenta trabajos publicados con referato internacional, los profesionales del ICYCC en el área asistencial, innumerables cursos, seminarios y congresos, publicaciones científicas, revistas de cocina, el restaurante "Cocina y Salud"...

Cada vez parecía que todo crecía y se agigantaba. Un nuevo edificio, oficinas a la vuelta o frente al Instituto, un proyecto de *spa* en el interior. Y yo tenía la impresión de que estábamos en el Titanic pues veía entrar agua por todos lados. Deudas, quejas, tensiones. Y sobre eso un nuevo proyecto. Comencé a perder la brújula de lo que realmente ocurría. La desmesura me sobrepasaba. En varias oportunidades hablando con él le daba mi impresión, le transmitía mis dudas, mis interrogantes, lo cual lo irritaba. No solamente le comentaba mi desconocimiento sino que además le señalaba personajes que rayaban en la complicidad con la corrupción, con antecedentes *non sanctos*. "Traeme pruebas", me decía. Era muy difícil entrar en ese terreno. ¿Cómo obtener pruebas de coimas, negocios o retornos? Casi todo comenzó a ser sospechado por mí. Sabía de la honestidad de muy pocas personas, pero conocía perfectamente el bajo nivel intelectual y la neurosis de su entorno. Una vez le dije que una película sobre el comienzo del sindicalismo en los Estados Unidos —en verdad el Sindicato de los Camioneros–, dirigida por Norman Jewison y protagonizada por Sylvester Stallone, *FIST* (1978), mostraba la forma incorrecta de combatir a *krumiros** *(sic)*, y cómo huelguistas y patrones llevaban a un sindicalismo desnaturalizado y corrupto. También le señalé que si la policía

---

* *Krumiros* es una palabra usada por los viejos socialistas y anarquistas para señalar a los "rompehuelgas" o "carneros".

empezaba por viajar gratis en los colectivos, por pedir pizza para la comisaría y por trabajar en el juego clandestino y la prostitución era fácil comprender el crimen de Cabezas o el gatillo fácil. Todo se transforma en mafias, en claves entretejidas, susurradas, señas y códigos identificables. Golpeó su escritorio con furor.

Fue evidente que él —buscando una excelencia científica— priorizó esa estrategia, ese proyecto trascendente, y minimizó las redes internas. "¡Tráiganme pruebas!", decía una y otra vez.

La crisis en el sistema de prestaciones de salud es muy profunda. Esto se debe a la falta de un programa médico organizado con estructura nacional. Hoy hay una cantidad innumerable de profesionales mal formados que trabajan dentro de un sistema que ha llegado al límite de su capacidad. (René Favaloro, La Nación, 22 de diciembre de 1998).

Rodolfo Rivero, una persona de su confianza y un ser que lo quería de verdad (con él intercambiábamos muchas veces opiniones, sobre todo en los últimos tiempos, de lo que percibíamos y sospechábamos), un día lo llenó de facturas y boletas. No eran suficientes, no había precisión. ¿Cómo comprobar los retornos de cada sector, la influencia de laboratorios en los protocolos, en los trabajos de investigación, las diversas auditorías absurdas mientras había gente que cambiaba de automóvil, de casa, de *country*? ¿Cómo señalar la mirada, los gestos, las actitudes? ¿Y las vinculaciones con los partidos políticos, con las entidades médicas, con los bancos, con las empresas constructoras? ¿Cómo controlar viajes? ¿Cómo saber qué dinero había en Suiza en una caja secreta? ¿Por qué una "institución de excelencia" comenzaba a ser cuestionada? No eran sólo celos profesionales. Muchos decían "se hizo con mi dinero", "mis impuestos colaboran para levantar esta clínica", "en realidad es un Instituto privado, como la facultad o el restaurante", "no es verdad que sea sin fines de lucro", "a cuántos atienden gratis de verdad", "el doctor se hizo su monumento en vida". Estas y muchas más eran las cosas que escuchábamos quienes queríamos oír. Dentro y fuera del Instituto. Por eso yo le transmitía mis inquietudes. Y todo caía en saco roto.

Se había ido muy lejos para llevar adelante el proyecto. En un país con el grado de desintegración moral que hay —siempre repetía esto— si abro un kiosco de caramelos seguro debo dar un atado de cigarrillos por semana, si abro una pizzería debo cubrir más y más gente, si abro una fábrica entran otras negociaciones. Imagínese este proyecto en cirugía cardiovascular, transplantología, hemodinamia, unidades de cuidados telemétricos, de cuidados intensivos, unidad coronaria, cardiopatía pediátrica, cardiología medular, cámara gamma, hospital de día, neumonología, hemodiálisis, laboratorios de histocompatibilidad e inmunogenética, anatomía patológica, investigación clínica y básica, universidad, cursos, seminarios, publicaciones y mil cien personas trabajando por aquellos días. Favaloro hablaba de cobrar honorarios modestos, del respeto a los colegas, del trabajo en equipo, de la prevención, del humanismo médico, del servicio de emergencia

104

prehospitalaria... en un país en que sus desheredados comenzaban a comer gatos y palomas, carne en mal estado y las villas miseria iban en aumento. Aún no eran los millares de hoy. Ni se comía basura de los tachos en esta proporción ni la prostitución infantil era lo que es. Ni la muerte por desnutrición.

Las contradicciones se volvían visibles. Siempre recuerdo el reportaje que *La Nación* le hace en marzo de 1993. Allí él declara que "todo cirujano que implanta una válvula o coloca un marcapaso recibe un retorno". No excluyó a nadie. Recibió cartas de todos lados, se publicaron muchas de ellas en el mismo diario. El ambiente se convulsionó. Cirujanos, entidades, asociaciones, levantaron la voz. En una reunión con los médicos de la Fundación a los gritos habló del *ana-ana*. Nadie se inmutó. Todo siguió igual. *El trabajo con honestidad* parecía que estaba cada día más ausente. Había un "mercado de la salud", "había subsidios estatales de millones de dólares", "había una política de demolición de las obras sociales", "una desregulación de éstas", "un seguro de salud de la Provincia de Buenos Aires", "un sistema de medicina prepaga", "una política de entrega a capitales internacionales".

Se comenzó a prohibir toda prestación no paga. El carácter social emblemático de su muerte pasa por muchas de estas situaciones. Desaparecía el régimen solidario y de bienestar social. Se habla de "ratas", de "barco que se hunde". Empiezan las porosidades. Una sociedad que se desintegra muestra sus vejaciones, sus mentiras. Se comienzan a fisurar las fachadas folclóricas. Los deslizamientos internos y externos se precipitan. Nadie sabe lo que trabajé por esos meses. Las jerarquías prostibularias se hacen ineficaces. Las miradas esconden la complicidad de un sistema ilegítimo.

La muerte voluntaria tiene relación también con el estado de perturbación profunda que sufre una sociedad. Atestigua la gravedad de esa comunidad, nos da su medida. Dice Durkheim: "Para explicarse su desapego a la existencia, el individuo se basa en las circunstancias que lo envuelven más inmediatamente...", y agrega: "su tristeza le viene de afuera, pero no de tal o cual incidente de su carrera, sino del grupo del que forma parte. He aquí por qué no hay nada que no pueda servir de causa ocasional al suicidio. Todo depende de la intensidad con que las causas suicidógenas han actuado sobre el individuo".

"Pero en la intención que tengo de escribir cosas útiles para quien me lea, me ha parecido que valía más ajustarme a la realidad de las cosas que entregarme a vanas especulaciones", escribía Maquiavelo en *El Príncipe*. Todo acosa, todo es compulsivo. El ciclo de frustraciones de las últimas décadas ha sido terrible. Los guiños, la picaresca, los trucos, las "trenzas" ya están sobre el tapete. La clase dirigente no tiene mirada retrospectiva porque tampoco tiene formación. Siempre ha temido cuestionarse, desdecirse, autocriticarse. Romper con el pasado para emprender nuevos rumbos. Pero le es imposible romper con el pasado. Hay cuentas pendientes, facturas impagas. Los hitos, un camino de búsqueda —como figura de la fenomenología hegeliana—, la discusión como coherencia intelectual, no estuvo nunca en su mentalidad. Por eso la sociedad enjuicia desde la propia moral que se le impuso. Las estructuras teóricas mistificadas comienzan a despedazarse. Surgen componentes éticos en una sociedad que se siente harta y traicionada, pero que no incluyen en medida alguna un autocastigo. *Sólo es visible lo que no es transparente.*

No hay islas. Esto implica la pornografía de ciertos circuitos, de ciertas redes, de una información vertiginosa y promiscua que forma parte de un mismo entretejido.

Favaloro tenía la obsesión de trasladarse a los Estados Unidos, la Meca científica-técnica, para especializarse en cirugía torácica y cardiovascular. Lo consulta a su maestro, el profesor Mainetti, y éste le sugiere la Cleveland Clinic, porque estaban realizando las primeras artereografías de las coronarias. Allí estuvo como residente entre 1962 y 1967, y terminó inventando el "*by-pass* aortocoronario", que transformó la cirugía cardiovascular mundial. Esto significó una división entre "antes y después" de Favaloro. Cuántas veces hablé con el doctor Pichel y otros investigadores de su significación en la historia de la medicina. Cuántas veces habremos repetido que nuestra clase dirigente —donde se incluían no sólo los políticos sino también la intelectualidad, el periodismo, los profesionales y hasta la industria farmacéutica— hacía oídos sordos a nuestros pedidos. Sólo usufructuaba el beneficio de su talento. "La oportunidad sólo la aprovechan las mentes preparadas", dijo Pasteur. El profesor Mainetti asevera que a Favaloro "se le ocurrió usar un puente entre aorta y arteria coronaria, para llevar sangre directamente a todo el miocardio y tener el mismo éxito que el observado en la Cleveland Clinic en la irrigación de los miembros inferiores, por medio del *by-pass*, con vena del mismo miembro (la gruesa vena safena)." Al cabo de pocos años esta técnica se empleó en todo el mundo, en millones de pacientes con éxito extraordinario.

Como se sabe, en 1971 asumió los riesgos de regresar a la Argentina. Su misión educativa y cultural la consideró una obligación moral. La Universidad de La Plata no le mostró el entusiasmo que esperaba, y fue una institución privada, el Sanatorio Güemes, quien terminó recibiéndolo. Quienes conocimos a Favaloro sabíamos de sobra que no había regresado para competir, sino para educar y exponer en nuestro medio y ante el mundo una nueva escuela de cardiocirugía.

Mainetti señaló cuando habló de la insensatez y la corrupción de nuestro país que Favaloro "fue un hombre público envidiado por los poderosos, alabado por los humildes, que no pudo ser capitalizado para la política."

Tal vez por eso declaró al poco tiempo de su muerte: "El suicidio del cardiocirujano René Favaloro deja un tremendo mensaje, y es la última lección que ha querido dar como maestro de la medicina, y como uno de los hombres más grandes del siglo XX. Favaloro no había encontrado en el ambiente que lo rodeaba el apoyo franco para todos los proyectos que tenía". Esta decisión personal, recordó su maestro, pudo haber sido el resultado de distintos roces entre la jerarquía de la institución que presidía. "Es probable que la aparición en escena de una mujer a su lado y con poder haya despertado envidias y recelos."

El idilio amoroso con una mujer mucho más joven que él y la actitud severamente criticada por algunos miembros de su familia —no de la mejor forma, por otra parte—, que incluso llegó a la humillación por su avanzada edad, no es un hecho menor. Favaloro muere destrozándose el corazón. Hacía más de tres meses que había comprado el arma. Y había realizado pruebas de tiro para aprender a manejarla. Ante el deterioro financiero Favaloro decide formar un Comité de Crisis. La propuesta nace del ingeniero Perversi para realizar una "re-ingeniería". Debía despedirse a cuatrocientas personas y "gerenciar" otro proyecto. Todo aquello por lo que había luchado, sufrido, se viene abajo. El Comité trabajaba de manera independiente al Consejo de Administración. Cerca del quirófano, cuarenta y ocho horas después alguien dice: "Por fin René entregó la Fundación, ahora sí saldremos adelante". Favaloro fue el primer despedido de la larga lista preparada. Entre los primeros doce telegramas había tres personas de su más absoluta confianza. Aparentemente sólo pudo detener el envío de dos. Ya estaba acorralado, sin respuestas. Intuyo que prefirió suicidarse antes de lo que sabía que se precipitaba. Ese sábado 29 el doctor Favaloro quiso comunicarse infructuosamente con su sobrino Roberto a su celular. No le contestó ninguna llamada. Mientras tanto, internamente se cuestionaba a la dirección. El doctor Laguens tenía tres causas penales abiertas por su intervención en el IOMA: malversación de fondos e incumplimiento de los deberes de funcionario público. Se cuestionaba seriamente a los directivos de la Fundación por irregularidades administrativas. Mariano Favaloro, primo hermano de René, asume la presidencia del Consejo Administrativo pero Roberto logra desplazarlo. Mariano cuestionó siempre las políticas de la Fundación que iban en detrimento de la calidad asistencial, que incluían planes denigrantes para el salario de los profesionales. Se cerraron servicios íntegros, como el de Terapia Intensiva. El doctor Néstor Wainsztein fue despedido y con él cuarenta profesionales. Todo en menos de cuatro horas. Así culminó una de las mejores terapias, con mejor sobrevida del mundo. Se habla de que no se abonaban las cargas sociales de los médicos. Muchos de ellos se habían comprometido e identificado con los objetivos del doctor René Favaloro. A partir de allí hechos degradantes, despidos. Los organizadores de "eventos salvadores" cobraban un significativo porcentaje para "ayudar a la Fundación" y para "que no se olviden de Favaloro". En un país donde la tragedia es cotidiana sabemos muy bien cómo se organiza el negocio de la solidaridad, el entretejido de la picaresca mediática, de aquellos que estafan sin pudor en nombre de la caridad. La ambivalencia de las instituciones simplifica, además, el camino de estas asociaciones burdas donde el descaro no es inconcebible. Entre otros, se presentaron proyectos de Landriscina, Mahárbiz, Jorge Rodríguez, Perversi...

Con los despidos viene un caos mayor. Cuñadas, amigas, socios. No se respetan los estatutos y un golpe de timón busca gerenciar la medicina. El "Board of Trustees", es decir, un consejo de honorables convocados desde la sociedad para garantizar la transparencia en el manejo de los fondos, un largo sueño de su fundador, jamás se pudo concretar.

Al poco tiempo de conocerlo, en esos encuentros que hacíamos en el Sanatorio Güemes, Favaloro me confiesa que jamás quiso conocer Punta del Este. "Es un símbolo de nuestra oligarquía, de los evasores, de una clase cómplice", me decía. Con los años advertí que ésa era su verdadera ideología, su mundo íntimo. Pero todos los 4 de julio, si estaba en el país, visitaba la embajada de los Estados Unidos.

Hay un rasgo que ha concretado el pensamiento y la observación "occidental". Fue la autoafirmación del hombre, la autoafirmación a través de su voluntad. El hombre como criatura privilegiada, como dominador del mundo por la vía de la ciencia y de la técnica. Los frutos de nuestro querer han sido contradictorios. El peligro reside en el querer del hombre, que es la condición de posibilidad de esos desequilibrios. Los movimientos que intentan limitarnos se hallan dentro de lo que Heidegger denominó metafísica de la subjetividad. Esos movimientos están condenados al fracaso pues se

111

sustentan en aquello mismo que buscan erradicar: las consecuencias de la voluntad. Quieren disminuir los desórdenes provocados por un querer desmedido con otro querer tan desmedido como aquél. Es ingenuidad e ignorancia pretender reconstruir una casa sobre un lodazal. Heidegger señaló en 1969 en un seminario dictado en Thor: "Los griegos no tenían cultura ni religión ni relaciones sociales. La historia griega no duró más de trescientos años. Pero la limitación esencial, la finitud, es quizás la condición de existencia auténtica. Para el hombre que vive hay siempre tiempo."

Hay una dimensión del silencio pero también una dimensión de la palabra. Es por eso que intentamos a través de ciertos pensamientos o citas vislumbrar una tentativa del pensar, una hipótesis sustentadora de su vida. El problema no radica en el tiempo que mide la clepsidra sino en la temporalidad, en el modo de ser. En *Qué significa pensar* dice Heidegger: "El que hoy día se calcule, por ejemplo en el deporte, con décimos de segundo, y en la física moderna, con millonésimos de segundo, no significa que por eso captemos el tiempo con mayor precisión, ganando tiempo con ello; antes bien, tales cálculos son el camino más seguro para perder el tiempo esencial, es decir, para 'tener' cada vez menos tiempo. Pensándolo con más exactitud: la creciente pérdida de tiempo no es causada por estos cálculos sobre el tiempo, sino que estos cálculos sobre el tiempo comenzaron en el instante en que al hombre le entró de repente la inquietud de que ya no tenía tiempo. Este instante es el comienzo de la época moderna."

"Nosotros somos la clase patricia de este pueblo", afirmó Lucio V. López. El viernes 16 y sábado 17 de octubre de 2000, es decir a los pocos meses de la muerte del doctor René Favaloro, se hace un "retiro" en el Hotel Howard Johnson de Luján. Los dados estaban echados. Yo ya había presentado mi renuncia. Fueron médicos de la Fundación y ejecutivos, abogados, gente de *marketing*. Hombres de empresa, globalizados. Unas treinta personas en total, la mayoría dedicados a pensar y proyectar nuevos códigos. Querían vender su producto, me dijeron. El protagonista era Tezanos Pinto. Casi todos los empresarios tienen apellidos patricios y, poco a poco, fueron sugiriendo sueldos para ellos.

El hombre que habla por casi dos horas —apenas arriban al hotel— es el empresario Pescarmona. Señala caminos, actividades, construye enfoques, transmite disciplinas, imparte técnicas. Y lo que se debe hacer de inmediato: despedir al treinta por ciento de empleados y médicos. "Debemos hacer un *shock*", enfatiza. "Al principio harán, frente a la Fundación, una olla popular en la calle. Y después, a los diez o quince días la gente se olvida."

Había sido precisamente este empresario el que se había disculpado cuarenta y ocho horas después del suicidio del doctor Favaloro ante los miembros de su familia por no haber leído la carta de aquél: "como dice el paisano, 'cuando uno anda de culo todos los nabos están de punta'".

Una clase puede lograr considerarse a ella misma y hacerse considerar como superior mientras nadie se pregunte en qué consiste su superioridad. (Edmond Globot)

El desarrollo científico y técnico en la Argentina se fundó desde antaño en la clase alta. Mecenas o presidentes de institutos o fundaciones científicas salían sólo de la clase alta. En especial en medicina. Hasta la reforma de 1918 la investigación —como la Universidad— era considerada coto de caza de las clases altas. El mismo Ameghino, al desafiar ese privilegio, tuvo que abrir una librería para poder sobrevivir. Lo mismo le ocurrió a José Ingenieros. Un célebre profesor de medicina —por sus años— dijo: "No quiero obreritos en mis cátedras". No podía haber plan de salud nacional pues el dominio y el interés eran otros. Emilio Coni y Aráoz Alfaro se cansan de denunciar esa falta de programa. Aceptaban, además, la libertad económica. Que era lo mismo que aceptar el privilegio que ya se tenía. "La dictadura de la armonía de intereses sirve así como un ingenioso artificio moral invocado, con absoluta sinceridad, por grupos privilegiados a fin de justificar y sostener su posición de dominio", escribió E. H. Carr.

El entendimiento en el país siempre siguió una línea recta, repetitiva, permanente. Esto ha ocurrido desde el primer empréstito de Baring Brothers hasta nuestros días. Y jamás hubo un culpable castigado por las leyes de nuestro país. Siempre hubo un mismo mecanismo, un mismo endeudamiento, un mismo sacrificio para las clases bajas y el proletariado. Cualquier ciudadano sabe que los grupos de clase son dueños de grandes fortunas no visibles. Pero detrás de las clases altas están las compañías transnacionales o multinacionales.

Algunas familias, para subsistir, se han hecho dependientes de las grandes empresas. Y fueron obligadas a desligarse de la vieja estructura tradicional. La pérdida del poder político no significa la pérdida del poder económico. Esto, que parece una obviedad, por momentos parece no querer verse. Por eso atravesamos la destrucción, la desintegración y la falta de probidad.

El tiempo no existe para los que partieron. La vida de aquellos que ya no están cae en la memoria de los que siguen viviendo. "Mis libros (que no saben que yo existo)/ son tan parte de mí como este rostro...", y finaliza: "...las voces de los muertos/ me dirán para siempre". Eso escribe Borges en el poema "Mis libros".

La evocación impone su magia para recuperar el recuerdo o prefigurar afinidades. He recibido de Favaloro varios legados. Uno de ellos fue su enseñanza cotidiana en donde no existía la especulación ni la soberbia. En distintas ocasiones me habló de diversas colectividades, entre ellas la armenia y la judía. En ambas he tenido dos grandes amigos, hoy fallecidos: el poeta Agustín Tavitián y el original cuentista Aarón Cupit. El tiempo compartido a su lado me ha enseñado a apreciar la multiforme historia de estos pueblos, su desarrollo, su evolución, que se han ido ligando con el destino de todos los pueblos de la tierra. Y que, sin embargo, no obstante invasiones e influencias, han mantenido y enriquecido su profundo contenido esencial. De él también aprendí la espontánea sencillez y la humilde sinceridad de otras comunidades, la nobleza que imprime la tradición en los pueblos, las verdaderas bellezas y trascendentales descubrimientos. Y que el genio de sus creadores ya no es patrimonio de un pueblo en particular sino de la humanidad. Sus recuerdos de viaje recrearon en mí estos invisibles lazos de sabiduría, los más elevados sentimientos del alma.

Estoy escuchando *Concierto para oboe en do mayor* de Domenico Cimarosa. Me lo regaló Lisandro, mi hijo menor. Favaloro siempre ponía como ejemplo de tenacidad y estudio a mis hijos. Como ya he dicho, a fin de año, al mostrarle yo sus boletines, les enviaba una carta ponderándolos. En reiteradas ocasiones le comenté la calidad y la prestancia de Lisandro como *centro-half*. Siempre quiso ir a verlo jugar en el torneo de Gimnasia y Esgrima de Buenos Aires, pero lamentablemente nunca pudo hacerlo. Solía llevarle fotografías del equipo e intercambiábamos opiniones sobre las prácticas y los entrenamientos. El fútbol era uno de los temas que siempre nos convocaba.

Era muy difícil hacerle un regalo a Favaloro. ¿Qué podía obsequiarle? Una vez le traje de Galicia un pañuelo con sus iniciales bordadas, de Camariñas. Pero creo que, para sintetizar, esta anécdota vale por todas: le entregaron un día —un paciente humilde— un repasador con el mapa de Sicilia estampado. Lo tuve, por decisión mutua, en mi despacho. Estaba colgado a mi derecha. En un viaje le traje de Galicia un repasador con características similares pero con la reproducción del país gallego. Esas cosas lo emocionaban y además disfrutaba al contarlas.

El proyecto del doctor Favaloro, es importante repetirlo, era crear un centro de excelencia en medicina moderna global, un hospital polivalente que fuera pionero para que con su ejemplo se desarrollaran otros a lo largo del país. Y al mismo tiempo fomentar programas de prevención. Al fundar la Universidad —asistencia, docencia, investigación— se deseaba difundir carreras de grado y de posgrado para desarrollar maestrías, carreras y cursos de extensión universitaria, etc. Pero todo eso debía ir de la mano de la investigación en ciencias básicas, con un enfoque multidisciplinario (médicos, biólogos, fisiólogos, ingenieros, físicos, veterinarios) para que se constituyera un centro creador de conocimiento. Por eso la escuela de medicina y la de ingeniería garantizaban la calidad de ese crecimiento. Realizar todo esto, proponerse levantar este proyecto necesitaba de la energía, capacidad y esfuerzo de un coloso. Un proyecto que convulsionaba las bases, las estructuras de toda una medicina burocrática y envejecida. Y sobre tambor golpeaba contra el *ana-ana*, los *kioscos*, los negocios entre protocolos y la industria farmacéutica.

En una oportunidad le mencioné que había salido junto a él en una fotografía de una revista de circulación masiva. Fui tapa de *Gente* y nadie lo advirtió. La anécdota, recuerdo, le había causado mucha gracia.

El sábado 24 de mayo de 1980 se realiza en la Argentina el primer transplante de corazón en el Sanatorio Güemes. Lo hace el doctor René Favaloro. El paciente era Domingo Peña, un hombre de la Prefectura, buzo. Fue un suceso. Todos los medios informaban de ello.

Por esos días mi mujer tenía hora con el ginecólogo. Estaba en la sala de espera cuando la llama el facultativo. En eso advierte que en la tapa de la revista *Gente* está la fotografía de plano medio de Favaloro. Aparece con un saco cuadrillé, el brazo izquierdo levantado a la altura del tórax. Y sostiene un libro: *Conversaciones con Luis Franco*. Rocío, feliz, le dice al médico: "Doctor, ¿podría llevarme esta revista de la semana pasada pues salió mi marido en la tapa?" Luego, entre sonrisas y bromas, tuvo que explicar más detalladamente la fotografía.

Un tema recurrente en las conversaciones era el país, nuestra historia. La enorme frustración nacional lo llevaba a leer y a analizar capítulos de la guerra de la independencia, los caudillos, los líderes latinoamericanos, la mezcla permanente en nuestro pasado entre la picaresca y la hipocresía, la supuesta ingenuidad de gobernantes ineptos, empresarios rapaces y sindicalistas con un marcado tono corporativo. En esos encuentros hablábamos del peronismo, de la influencia del Ejército y de la Iglesia, del antiperonismo que se disfrazaba de liberalismo de derecha, de la generación del 80, de la incorporación del capital extranjero, de la alianza con Gran Bretaña, de la ceguera e incapacidad de políticos decadentes. Lo hacíamos para comprender el presente. Intentábamos desentrañar cómo en los movimientos populistas, en sus mitos y proclamas, se avizoraba el fracaso de nuestros días. Nos intercambiábamos libros de autores argentinos y extranjeros para analizar también una izquierda oficial y burócrata que mantuvo durante décadas la visión subordinada a Moscú. Sentíamos llegar una crisis irremediable. Él intentaba tener una esperanza, una salida —no desde lo personal—, que el pueblo construyera una moral para estar más allá del fraude, que las masas dispersas o una muchedumbre de solitarios no cayeran engañados por leyendas recurrentes. Yo le manifestaba que la salida debía ser ideológica, sin líderes, que se debía destruir toda forma de corporativismo, toda forma de sumisión al Estado, que esos elementos que analizábamos eran claros indicios de lo que nos ocurría y que desembarcaban irremediablemente en el engaño, la corrupción y el genocidio. Él solía terminar estas conversaciones con "vamos a trabajar".

"Es mejor tener la cabeza entre las nubes y saber dónde estás que respirar la limpia atmósfera que hay debajo de ellas y creer que estás en el Paraíso." Eso dijo Thoreau. Viene a cuento por muchos profesionales que cargados de envidia al referirse a mí hablan de "el poeta" de manera despectiva. También dijo el hombre de Concord: "El monstruo nunca está donde creemos que está. Lo verdaderamente monstruoso es nuestra cobardía e indolencia".

Siempre fui un testigo molesto. Desde los diez años que vivo en la casa de mis padres. Compré —con facilidades— la parte que les correspondía a mis hermanos. Viví de un sueldo. Trabajé siempre. En una fábrica, en una librería, como preceptor, en un estudio ju-

119

rídico, en una empresa gráfica, como docente particular. No debo nada a nadie. No tengo automóvil ni casa de fin de semana ni renta. Cuando me ofrecieron "retornos" los denuncié. Cuando sospeché de quienes los recibían también. Fui a Tribunales para testificar un dolo espantoso. De sesenta testigos el único que se presentó. Y todo quedó olvidado. Es más, los acusados fueron ascendidos por el gobierno de turno. Y sostenidos por el que lo sucedió. Mi presencia era rechazada por señoritos y *yuppies*.

Hans Magnus Enzensberger afirma en *La manipulación industrial de las conciencias* que "todo individuo, aun el que goza de menos autonomía, se cree soberano de los dominios de su conciencia". En *La ideología alemana*, de Karl Marx, puede leerse: "La conciencia fue, desde un principio, producto de la sociedad, y lo seguirá siendo mientras existan hombres".

Sólo partiendo de la ficción creemos que cada individuo puede decidir su propio destino o sobre la comunidad. En este mundo no sólo se fabrican bienes sino opiniones, juicios, prejuicios, contenidos de conciencia. Perpetuar un estatus consiste en imponer ciertas formas de pensar. Y explotarlas. Cada día afrontamos nuevos y más sutiles intentos de corrupción. Voluntaria o involuntariamente nos convertimos en cómplices de una cultura del poder. Ignorar esta ambigüedad resulta peligroso pues no advertimos el juego de un sistema: criticamos desde una parte del mismo sistema que nos permite integrarnos. Siempre hay que salvaguardar el orden y las buenas costumbres. La ironía es inadmisible. Importa lo que suena bien, lo decente, lo equilibrado.

"Por desgracia, difícil es decir y pensar lo que es justo sin grave ofensa del Estado, los dioses y costumbres", escribió el viejo Goethe.

Epicuro no ordena a sus discípulos apresurar la muerte; les aconseja lo contrario: vivir, mientras en ello puedan encontrar algún interés. Su melancolía filosófica está reemplazada por la sangre fría y el desengaño. Ése es el suicidio epicúreo.

A la distancia resulta evidente que su desenlace se trata de un acontecimiento que preveía.

Se mata en sencillez. Hay un sentimiento violento. Quema con despliegue de energía. Es cuando en el suicidio, según palabras de Durkheim, "la energía se pone al servicio de la razón y de la voluntad". Y agrega: "se somete a un imperativo. Así, su acto tiene por nota dominante esta firmeza serena que da el sentimiento del deber cumplido; la muerte de Catón..."

Favaloro hablaba siempre, en público o en privado, de los valores esenciales "sin los cuales poco importa la capacitación técnica o profesional". Señalaba la necesidad de "una sólida formación humanística". Eso quería decir que proponía un humanismo militante, con profundo contenido social. No era un político, por lo tanto su palabra no estaba vacía de contenido. La fraternidad y la solidaridad las trasladaba a su conducta. Su voz no designaba realidades diferentes u opuestas.

Cuando sus allegados —que habíamos conocido en detalle su matrimonio de toda la vida con Tony— nos enteramos de su nueva pareja las posiciones no eran fáciles de congeniar. Había quedado viudo hacía un año y medio, cada uno de nosotros tenía diferentes visiones. Los más obsecuentes glorificaban esta nueva relación. Otros pensaban en la herencia y había quienes proyectaban una virilidad sin límites. Me mostré sumamente cauteloso, confundido y, en cierta forma, con una mirada crítica. No hacia el idilio, sino hacia cómo se había precipitado. Conversamos del tema en tres oportunidades. En una de ellas, en un almuerzo junto al doctor Ricardo Pichel, pues René nos consideraba con una sensibilidad muy cercana a la suya. Queríamos por encima de todo que fuera feliz, que estuviera en contacto con sus vivencias y alejado de cualquier frivolidad. Se lo dijimos sin rodeos, sin trampas. Ricardo se manifestaba pródigo y sin reservas. Las otras dos veces que hablé con él lo hice en privado. Para quien conoció en profundidad su temperamento, basado en una tradición familiar siciliana y en los grandes maestros que tuvo como estudiante, es fácil interpretar su conflicto interior. La diferencia de edad era eje de la discusión. Además, en muchos aspectos era un ser desprotegido, solitario. Su vida pública lo condicionaba. Él no era un actor o un escritor, que se permiten vivir de otra manera. Le recordé lo que Maurice Merleau-Ponty escribió en un pasaje refiriéndose a la obra de Proust: "¿Habrá que decir que el amor es esa necesidad celosa, o que jamás hay amor sino tan sólo celos y el sentimiento de ser excluido?" La situación era a mi entender sumamente compleja, pues su pasión utópica y su compromiso con la sociedad estaban, a mi entender, en la antípoda de esta relación casi inexplicable.

Se me acusa de tener gustos inconstantes, de no poder gozar largo tiempo de la misma quimera, de ser presa de una imaginación que se apresura en llegar al fondo de mis placeres, como si estuviese abrumada por su duración; se me acusa de sobrepasar siempre el objetivo que puedo alcanzar: ¡ay!, tan sólo busco un bien desconocido, cuyo instinto me persigue. ¿Es la culpa mía si por todas partes encuentro límites, si lo que ha terminado no tiene para mí ningún valor? (René de Chateaubriand)

Ninguna institución se sostiene con la mendicidad. La piedra fundamental del ICYCC creado por un acuerdo entre la Municipalidad de la Ciudad de Buenos Aires, la Fundación Favaloro para la Docencia e Investigación y la SDDRA se colocó el lunes 10 de diciembre de 1979. En la oportunidad el doctor Favaloro señaló que "al regresar definitivamente al país en julio de 1971 planeamos nuestra actividad, como resultante de la experiencia acumulada, en tres direcciones: la asistencia médica, la docencia y la investigación, comprendiendo que solamente recorriendo estos tres caminos sería factible contribuir al desarrollo de la cardiología y cirugía cardiovascular". Más adelante expresó: "En el año 1975, como necesidad imprescindible de encauzar y organizar nuestras tareas, se creó la Fundación con estatutos rígidos, bien definidos."

En estas palabras está la clave de un proyecto,

sobre todo en la concepción de "estatutos rígidos, bien definidos". Hubo aportes propios y provenientes de miembros de la comunidad para servir a la sociedad, a los más humildes. Quiso que la Fundación fuera "un acto de fe para los argentinos".

Hablar de política es hablar del poder, ya se lo ambicione como un fin en sí mismo o como medio para cristalizar un programa. Y en todo proyecto de magnitud se esconde un riesgo sensible. ¿Hasta dónde se cumplen los estatutos, cómo se preservan de la voracidad, de grupos económicos de especulación que a su vez conviven con otros núcleos de presión, de intereses, de tensión social? Transitamos un dinamismo conflictivo y variable. Y en las cúpulas —para usar una terminología mediática— empieza un proceso tumoral. Comenzamos a navegar entre el pesimismo y la esperanza. El proyecto que intentó llevar a cabo el doctor Favaloro fue posible, sensato, digno, solidario. Pero hubo anexos, textos y contextos. La "lógica del mercado" y las patologías de su entorno hicieron el resto.

Jean-Pierre Vernant, uno de los pensadores que más contribuyeron a mantener vivo el mundo griego, explica que para ellos la identidad no se alcanza mediante la introspección, sino a través de la confrontación con algo que desde su alteridad, a modo de espejo, conduce a la construcción de sí mismo. "En ese sentido los dioses, las mujeres y los extranjeros constituyen esos otros frente a los cuales el varón griego descubre quién es. Y junto a ellos, potenciando su nivel de alteridad, la muerte aparece como el gran Otro, como el espejo definitivo ante el cual es necesario ponerse de pie para conocerse."

También recuerda que los dioses no conocen la muerte (ni la vejez, que es una suerte de morir cotidiano) y los hombres no pueden escapar de ella. Sin embargo, se alcanza cierto tipo de inmortalidad: la caída en el campo de batalla. Para Vernant, en toda comunidad hay una "política de la muerte" que en su seno se lleva adelante para "administrarla".

Poco se lo entiende al doctor Favaloro si no se analizan ciertas partes de su vida. Levantó con sus manos una clínica que aún funciona en Jacinto Arauz. La casa que tenía en Cleveland la pintó él, pues los vecinos también hacían lo mismo con las suyas. Arregla la camilla, corta el pasto, ahorra sus ganancias. Piensa en Ramón Carrillo, el eminente neurocirujano y sanitarista, el primer ministro de Salud Pública de la Nación (1946), y en Arturo Oñativia, ministro de Acción Social y Salud Pública de Illia, que se enfrenta a los intereses de la industria farmacéutica. Viaja una o dos veces por semana a su casa natal en La Plata, en la calle 5. Allí vivió su padre hasta los 86 años. Y su madre hasta los 91. Sus raíces están en La Plata. Recuerda siempre con emoción a Joaquín V. González. Y siente por Jacinto Arauz una adoración comprensible por el afecto del hombre de campo. No olvida los orígenes: su padre carpintero y su madre modista. "Los Favaloro son sicilianos", repetía siempre. Por lo general no almorzaba, apenas un té con algunas galletitas de agua. Sentía que el alma de la Argentina está en el interior. Durante años me cedió su despacho para que trabajase allí, en el edificio de Solís. A mi espalda tenía su diploma con membrete de la Universidad Nacional de La Plata. Lleva fecha, 22 de agosto de 1949. Le dolía la patria, le costaba vivirla. Despreciaba el dinero.

El poeta entra a veces en el mundo de los sueños, en el devaneo, en la sinrazón. Me invaden páginas de Quevedo, de Erasmo, de Shakespeare. En el mundo de los sueños, como en el de los locos, cada palabra cobra una significación particular. *Somnus. Stultitia.* Siempre vivió entre decisiones extremas. De La Plata a un pueblo olvidado de La Pampa. De allí a los Estados Unidos, a la Cleveland Clinic. Llegó a ser el cirujano cardiovascular más famoso del mundo. Dejó todo y regresó a su país. Y en un momento completo de desesperanza se quitó la vida. Todo es dramático, no hay cosas moderadas. Tal vez no comprendió nunca que la disciplina científica de los Estados Unidos tenía un soporte, un sostén capaz de edificar proyectos. Hay que leer las últimas páginas de su libro *¿Conoce usted a San Martín?* para ver su mímesis. Fue una leyenda en la historia de la medicina, una de las leyendas del milenio. Así lo dijeron. Siempre tuvo decisiones extremas. Temió el juicio de la sociedad por su romance. Alguien que baila salsa, que es joven, que reza. ¿Su hija, su nieta? Era capaz de construir solo la Apolo XI. Su audacia e inteligencia asombraron. *Despreciaba el dinero.* Muchos se preguntaron: ¿por qué no trabajó nunca para el hospital público?, ¿por qué nunca fue profesor de la universidad pública? Sus cirugías eran reconocidas al hacerse cualquier reoperación. Llevaban su impronta, eran inconfundibles. Entró en el mundo de los sueños. ¿Qué hizo el Comité de Crisis? ¿Qué humillación sintió? ¿Se lo admiraba? ¿Se lo odiaba? No podían soportar que despreciara el dinero, ellos que eran adoradores del oro y de la vanidad. Los opacaba, los hacía insignificantes. Y con sus exabruptos los enloquecía. *Somnus. Stultitia.*

El doctor Néstor Wainsztein —despedido en forma arbitraria— fue el que atendió a la esposa del doctor Favaloro en sus últimos meses. Tony tenía cáncer y debieron hacerle una punción pleural. El encargado fue el propio doctor Wainsztein. En la sala se encontraban acompañándolo, observando, el doctor René, el doctor Mariano, su primo entrañable, y su sobrino Roberto.

Siempre sentí un especial aprecio por Mariano Favaloro, pero debo reconocer que nuestra amistad nació después de la muerte de su primo. Horas enteras pasamos conversando en intimidad o en compañía de su hospitalaria esposa, Teresita. Una noche después de cenar en su departamento con mi compañera, Rocío, mientras tomábamos café, Teresita me alcanza una revista: *Supplement to journal of the American College of Cardiology*. Al abrirla en la segunda página, bajo el título "The History and Practice of Coronary Revascularization" descubro la letra de René y leo: "A Mariano, con todo mi afecto y mi reconocimiento por su trabajo inestimable aquí en nuestra fundación. Siempre te he sentido como un hijo, a pesar de que la edad no lo dejaría establecido así; pero creeme que es la pura verdad. Si hubiera tenido un hijo quisiera que hubiera sido como vos. Un grande y fuerte abrazo. René G. Favaloro, noviembre 13 de 1998."

La gran mayoría de los seres humanos no saben qué hacer con sus afectos, sus historias o su destino, pero opinan con una energía y seguridad increíbles sobre la vida del otro.

Algunos llevan una actividad maravillosamente inútil, otros son metafísicamente triviales e irresponsables. Las críticas son tan superficiales que forman parte de los tecnócratas populistas que se caracterizan por su semianalfabetismo. Todo es confusión.

Nos sucede a todos. Personajes que están cercanos a ser subnormales levantan el índice y juzgan. "Esto debe ser así, esto no." Vecinos, parientes, amigos, conocidos, señalan, inciden, pontifican. Al doctor René le ocurría lo mismo. Seres que lo rodeaban —muchos de una mediocridad inimaginable— estaban siempre listos a sugerir caminos. O a adular, que era lo mismo pero un poco peor. Familiares políticos o de sangre lo enloquecían. Esto no significa que él no se equivocara en muchos conceptos, pero los que le iban a dar claridad lo obnubilaban por la imbecilidad o el disparate. No podía tener apoyo ni ayuda. Salvo la de ser ejecutor de muchas de sus propuestas. Y así y todo no le era fácil. El oportunismo por un lado pero también los celos y las envidias jugaban un papel fundamental. A muchos de sus colaboradores directos yo los escuchaba opinar y comencé a descubrir cuánto odio encubierto, cuánta envidia, cuánto resentimiento tenían en el fondo. Él no lo ignoraba, captaba la conducta de la mala fe.

Las relecturas de estas páginas me producen un sentimiento ambiguo. Sin duda ya no soy el que fui pero a la vez surge lo que fui ayer. No me es fácil deslindar el recuerdo de los años vividos con tanta intensidad. Por otra parte el país cambió tan profundamente que resulta difícil reconocer conductas en aquellas actitudes o proyectos determinados. Hay como en casi todos nosotros errores necesarios, hitos, búsquedas. Confío de todas formas —nunca he temido cuestionarme, autocriticarme— en que a lo largo del libro se resuelvan en la coherencia de lo actuado y sentido. El hombre no es, se va haciendo mientras vive. Y todos en el mundo representamos nuestra vida, jugamos a ser lo que somos. La vida del doctor Favaloro no es una vida, es más, es un destino.

Hay hombres que se integran a diversas elites. Favaloro tuvo que frecuentarlas y en cierta medida fue parte del *establishment* de una sociedad. Se rodeó, en *su* Fundación, de lo que Sartre llama "la elite de los mediocres". En un país de héroes y mitos vivientes, del culto a Perón y a Evita, de sustituciones escatológicas —Martín Fierro, Gardel, Fangio, Maradona— es difícil escapar a la autoridad del líder, al que encarna la voluntad de la naturaleza. Está por encima de la ley y no puede cuestionársele nada, no debe ser puesto en tela de juicio. En un país donde nos rodean dioses tutelares, padres míticos, héroes legendarios, el líder lleva al culto carlyliano del "grande hombre", al mito del salvador supremo, del predestinado. Son reminiscencias del cesarismo clásico, de los *condottieri* renacentistas. Y siempre existen complejas relaciones entre heroísmo y sexualidad. El sentido heroico de la vida nos lleva a la represión, a la sublimación del erotismo. O por el contrario a la necesidad de desaprobar. En un mundo sin mapas donde la sangre se da en un campo de batalla de excepción, genera el concepto heroico de la vida, qué importa el culto a la muerte. La concepción vitalista parece dar menos importancia a la muerte de los otros. Pero también a la propia, que es una perspectiva humanista.

La feliz ignorancia de la esperanza que impulsaba entonces hacia un tiempo convertido hoy en el pasado. (Marcel Proust)

En los Estados Unidos aún se escucha este refrán: "*If you work hard, you'll be rewarded*" (si trabajas duro, serás recompensado). Es probable que pensemos que es un país de vagos o que el refrán es falso. Si dividimos el ingreso de Estados Unidos en tres partes resulta que el 10% de los de arriba se lleva un tercio, el siguiente 30% consigue otro, y al 60% de los de abajo les toca repartirse el último tercio. En cambio si dividimos la riqueza de Estados Unidos se estima que el 1% superior posee entre el 40% y la mitad de la riqueza de la nación, más la riqueza combinada del 95% inferior. Favaloro sabía que tal distribución de la riqueza era grotesca y le producía indignación. Cuántas veces trabajé con él en estadísticas proporcionadas por UNICEF, el Centro de

Investigación de las Naciones Unidas, la Organización Mundial de la Salud o la CEPAL. Los datos siempre son aterradores. Éstos serían los que le confiaría hoy: Michael Eisner, de Disney, se lleva a su hogar alrededor de cincuenta millones por año. Pero entre quienes obtienen más de cien millones se encuentran Jack Welch, de General Electric, Lewis Gernster, de IBM, Steve Case, de Colgate Palmolive. Mel Kormazin, de CBS, supera esta cifra. Y Charles Wang, de Computer Associates, triplica a Kormazin. Finalmente encontramos al jovencito Bill Gates. Su riqueza patrimonial estimada era de noventa mil millones en el año 2000, y le produjo un rendimiento del cinco por ciento. Tendría en el 2001 un ingreso de cuatro mil quinientos millones.

Cifras similares las repitió Favaloro hasta el cansancio en congresos y conferencias. Y hacía cuadros y estadísticas comparativas. Casi nadie lo escuchaba. Ni entre sus colaboradores ni en los medios.

"Los hechos no son como fueron sino como los recuerdo", escribió alguna vez Gabriel García Márquez.

El domingo 16 de julio de 2000 citó al Comité de Crisis en su domicilio. De esta reunión me enteré casi dos años después. Otros amigos íntimos también la desconocían. Esa tarde sólo asistieron médicos. A pesar de la gravedad de la situación, Roberto no concurrió pues estaba de vacaciones. Fueron convocados los doctores Perrone, Trentadue, Casabé, Gabe, Wainsztein, Podestá, Villamil, Masnatta. Este último, amigo y colaborador de toda la vida, sólo escuchó. Con ellos se encontraba Diana

Truden. La conclusión fue la siguiente: René había cumplido un ciclo, era hora de que se retirara, de que dejara en manos de ellos la responsabilidad de continuar con la Fundación. Varios de los profesionales presentes me manifestaron que "fue una entrevista cordial, de buen tono". Insistí: "¿Él qué dijo?" "Nada, quedó silencioso". Su contestación a esta propuesta y a la del domingo 23 fue definitiva. La realizó el sábado 29 en esa misma casa, en el baño, con su pijama celeste, frente al espejo.

R.G.F.

Un lejano día, al comienzo de la década de los setenta, un médico por entonces casi desconocido apareció en la pantalla de la televisión mostrando la tapa de un libro sobre Naturaleza —El arca de Noé en el Plata— del poeta argentino Luis Franco.
Era el doctor René G. Favaloro.
Conocí a Favaloro en el Sanatorio Güemes cuando la Fundación existía sólo como un destello en su mente, un sueño que lo alentaba y obsesionaba.
La identificación fue inmediata, hablamos largamente de literatura, de su formación en La Plata, en ese Colegio Nacional al que decía deberle tanto. Recuerdo que nombró a sus maestros. Reiteradamente a Martínez Estrada, a Rafael Alberto Arrieta, a Henríquez Ureña. En aquellos años los profesores del Colegio también dictaban humanidades en la Facultad. Refiriéndose a Arturo Marasso expresó: "Me lo perdí. Pero fui a oírlo a los cursos que dictaba para graduados sobre clásicos castellanos".

Imprevistamente el hombre se puso de pie. Le tendí la mano despidiéndome, y me pidió si podía acompañarlo al piso de arriba. Me detuve frente a los ascensores. "No —dijo—, vamos por las escaleras." Me hizo subir no un piso sino dos. De a dos escalones. Al llegar se reía alborozado. "Respira bien, casi sin fatiga. Le acabo de hacer una prueba de fuerza." Apenas sostuvo mi pulso unos segundos. Y agregó: "Con esto basta. Es como un examen de sangre. En la sangre está todo. Claro que hay que saber leerlo."
Me engañó, se había confabulado con Carlos Penelas, quien al llevarle su libro Conversaciones con Luis Franco anudó con él una amistad profunda y fue su asesor y colaborador durante los tres lustros finales de su vida.
La carga de humanidad que trasuntaba René Favaloro estaba en su mirada, en sus manos, en la sencillez de su trato y en la claridad de su pensamiento. Simplificaba lo complejo y con destreza de pedagogo acercaba al conocimiento del pueblo los temas arduos de una técnica que lo singularizó. Hizo un aporte a la ciencia médica del siglo veinte. Gracias a él miles y miles de personas en el mundo entero prolongaron sus vidas.
Trabajador infatigable, su jornada se iniciaba a las siete de la mañana y era habitual hallarlo aún después de las nueve de la noche saliendo de la Fundación.
Tuve el privilegio de ser su amigo, y tres o cuatro veces al año me invitaba a almorzar. Entonces se distendía. Solía decir que era su recreo. Fue un lector aguerrido y su saber actualizado de las literaturas española y

133

americana por momentos me llenaba de asombro. De dónde sacaba tiempo para la lectura un ser tan exigido por las obligaciones profesionales. Hablaba fluidamente el inglés en un equilibrado saber que le permitía superar el yanqui sin caer en el engolado británico. Y sin embargo, en una regresión al hincha y a la tribuna decía fulbo cuando afloraba su pasión por su club, Gimnasia y Esgrima de La Plata.

En varias ocasiones intentó un acercamiento tuteándome. El respeto y admiración por su persona me impidieron tutearlo. Era una igualación impensable. Con todo, nuestro trato se ahondó en los temas referentes a la Argentina, a la decadencia que nos lleva a la linde de la desintegración como país, al absurdo de estar en los umbrales del siglo veintiuno mientras regresamos afanosamente al siglo diecinueve. Le preocupó la cuestión social y asumió su tiempo con lúcida conciencia crítica.

Alguna vez me refirió un diálogo que mantuvo antes de su regreso de los Estados Unidos con un colega que lo persuadía para que se quedara. "Estás cambiando un Cadillac por un Ford a bigote." "Usted olvida que ese Ford a bigote es mi patria."

Sus ideas políticas no eran las de un hombre de derecha; sin embargo, fue calificado como reaccionario por un sector de la izquierda a la que supo prever y desafiar ya desde su juventud: la dictadura burocrática del stalinismo.

Que yo sepa, y hasta donde se puede dar fe —fe de buena fe—, Favaloro era agnóstico y ningún cura puede afirmar que fue su confesor, es decir, su guía espi-

134

ritual, a menos que se descalifique a sí mismo confesando su fracaso, ya que un creyente de la Iglesia católica no se suicida. Al hacerlo niega todo vínculo con ella. Las cimas y los abismos del alma, los motivos inescrutables de la conciencia deben ser respetados. Una flor de silencio le acerco a su recuerdo.

En nuestro último encuentro, estando presente Carlos Penelas, al brindar pronuncié una invocación de Esquilo, Que triunfe el bien. *Los dos amigos la repitieron.*

Ahora, a la distancia, siento que ese pensamiento define su vida. Y oigo la voz del inolvidable René Favaloro: Que triunfe el bien.

LUCAS MORENO

El Consejo de Administración de la Fundación, que él presidía, ignoraba lo tratado por el Comité de Crisis. El 10 de julio el doctor Raúl Pistorio —ex interventor de PAMI y gerente administrativo de la Fundación— ya no pertenecía más al Instituto. El doctor Favaloro puso punto final a años de conflictos, contradicciones, líneas erráticas y funcionarios políticos.

Meses antes, de una valija con distintos modelos de armas, eligió una: 357 Magnum. A fines de abril hizo su práctica de tiro en Piedras al 700. Más tarde lo haría —antes de un almuerzo con oficiales de la policía— en Palermo. Compró el arma pues comentaba que tenía temor por Diana. Debía "protegerla" ante cualquier intento de robo o agresión. La llevaba en la guantera de su Peugeot 505.

Eran los primeros días de agosto y aún no se había

135

entregado su cadáver. Se estaban haciendo los análisis genéticos, distintos peritajes. Así me lo explicó, balbuceante, por esos días el doctor Eduardo Raimondi, inmunólogo del ICYCC, actual director ejecutivo y amigo del doctor Roberto Favaloro.

Una sociedad que aún no ha podido hacer una diferenciación entre revolución tecnológica y Julio Verne. (Luis Felipe Noé, *Una sociedad colonial avanzada,* 1971)

El arte contiene una función liberadora. Esa función reside en la capacidad de soñar, de estructurar el mundo de una manera diferente. La vida se desarrolla con una cantidad enorme de señales, de códigos. Y la literatura traduce, descifra ese otro lenguaje. "Nada nos destruye más que el silencio de otro ser humano", escribe George Steiner. Y también: "no podemos prohibir lo que no podemos nombrar".

Al correr de la pluma el escritor siente el abismo entre el lenguaje y el significado, la necesidad de expresar su verdad personal y la falsedad de un idioma degradado, de una sociedad indecente. Con René compartíamos el mismo desdén por las supersticiones humanas.

Con él hemos tratado y conversado innumerables temas. Desde los simposios de cardiología, las novedades médicas o los nombramientos de funcionarios hasta la evocación de jugadores de fútbol, mujeres bellísimas o el cine nazi de Leni Riefenstahl. Pasábamos de Sofía

Loren o Sara Montiel al neorrealismo italiano, a las rías gallegas, de los aforismos de Lichtenberg a Pascal, de San Martín o Artigas a las cifras de desnutrición y pobreza, males que se creían erradicados —como el tifus, la fiebre amarilla o el dengue—, para analizar la involución de nuestro país.

Tarde descubrí, después de que falleció, la dimensión lacayuna de funcionarios, profesionales o empresarios —no sólo de la Argentina, sino también de Galicia— formadores de la simulación, del olvido, del hábil cinismo. Recuerdo a Riefenstahl cuando en 1944 declaró: "Un campo de concentración no importa si produce belleza".

¡Cuántos seres mediocres he conocido después de su muerte! Hombres de mirada torva, taimados, burócratas que sólo sabían exhibir la punta de sus zapatos italianos o camisas de cuello francés. Seres despreciables que se desvanecen en el olvido, en mezquindades cotidianas. Es evidente que la historia de estos funcionarios, escritores o intelectuales —de acá o de España— merece el oprobio. "No te confíes nunca de aquellos que te palmean la espalda", repetía don Manuel, mi padre. Muchas conversaciones (reflejadas en entrevistas laborales que tengo prolijamente memorizadas en un cuaderno) manifiestan la vanidad de seres frustrados, cómplices siempre de la embriaguez del poder, sea éste municipal o estatal. Domesticados, viles repetidores de conceptos ramplones, la cobardía los lleva a la infamia. Éstos formaban parte de las complicidades de un sistema en que el hartazgo hacía de Favaloro un disidente. Y también analizábamos las sociedades en disgregación de América Latina. Lo social, las políticas culturales, los sistemas de salud eran para él una cuestión primordial. Y lo desesperaba la torpeza, la crueldad, la insensibilidad de los gobernantes de turno. La decadencia del desarrollo educativo y cultural constituye —sin duda— un factor de "desnacionalización". Y eso lo veía con claridad meridiana.

"Los poetas son apenas reservados, son apenas/ perturbados y caprichosos", escribía la poeta portuguesa Irene Lisboa.

Sé que estas páginas son fuertemente subjetivas pero a la vez elusivamente personales en el sentido de que evito el sentimentalismo y las minuciosidades de la confesión. Intento echar una luz cifrada sobre lo que representó este hombre eminente.

Al poco tiempo de ingresar en la Fundación tuve una reunión en el Sanatorio Güemes. Había ido por la preparación de un congreso de cardiología. En un momento, sobre el final de la conversación Favaloro me dice: "Mirá, Carlos, vos sos escritor, sos poeta. Tratá de ver tus horarios, manejalos como te parezca. Podés estar cinco o seis horas y el resto lo dedicás a lo tuyo". Le respondí: "Doctor, vine a trabajar para la Fundación, en un proyecto. No quiero una beca". Después de unos segundos me contestó: "Eso es lo que quería escuchar".

Siempre les recordé a mis hijos el caso simbólico del judío que fue al pueblo de Mezeritz no para escuchar al predicador, sino para ver de qué modo éste se ataba las sandalias. En un momento los actos cotidianos son ejemplares. Con Favaloro ocurría exactamente eso, bastaba su presencia.

La pedantería de muchos de los integrantes de la Fundación no tenía límites. Inconfundiblemente argentinos querían aparentar hallarse al nivel internacional que acompañaba a su presidente. El tiempo define y simplifica las cosas. Algunos de ellos —con el complejo de Hipócrates a cuestas— mencionaban sus libros sin destino, sus *papers* sin investigación. Las fechas son para el olvido; el tono y la desmesura no. Yo solía ironizar ante la indulgencia de los lectores o la virtud y frescura de los temas administrativos sobre los que algunos escribían profusamente. "A Cervantes le bastaron dos tomos para *El Quijote*", les comentaba. O "a usted se lo conoce en todos lados, doctor. Salió fotografiado al lado de Favaloro en tal publicación..." Los iba calando uno a uno. Por sus silencios, sus gestos, sus miradas, su lenguaje. Estos seres abusaban de la inverosimilitud, eran pusilánimes, obsecuentes, ladinos. Estaba también una suerte de confesor, de Fidel Pintos, un *fígaro* de la psiquis. Y otros almidonados, héroes de un romanticismo tardío, tahúres, ostensiblemente enfáticos.

Conviene destacar que no es fácil desentrañar el círculo de circunstancias que yo vivía diariamente. Algunas situaciones eran intolerables pues se mezclaban además insidias, amantes, hijos, entenados, propiedades culposas adquiridas para la libertad de los indígenas de América o pinturas de una mediocridad inadmisible. O computadoras donadas para supuestos proyectos indigenistas de pequeño-burguesas desequilibradas.

Para quien supiera ver, el presagio estaba latente. Harto de la insolencia del engaño, de la extravagancia o la docilidad, las divinidades olímpicas o la fatalidad, lo cual se evidenciaba en más de una oportunidad por mi clásica cazurrería gallega, a veces también con veneración e indulgente amistad le mencionaba al doctor estas rústicas presencias. Con elegante tacto aparentaba no prestarme atención. Por supuesto que era consciente y sabía de sobra la fauna que lo rodeaba pero le resultaba imposible romper con ella. Sus exabruptos muchas veces provenían de esta impotencia. Ése era, precisamente, el país que quería cambiar.

Las buenas gentes hacen la memoria del tiempo/ pero en mí el tiempo existe dentro de la memoria. (Walter González Penelas)

El lector, sospecho, puede reconstruir en esta lectura espacios afines al mundo privado del doctor Favaloro: la patria, la evocación de un encuentro amoroso bifurcado y vacante, la utopía de una búsqueda que se reconoce también en máscaras sigilosas. El cuidado de la huerta familiar que realizaba a los diez años, el ayudar al padre en la carpintería, el preparar la cena, se confunden en un ámbito acotado que se reitera durante toda su vida. Hay un apego, una cultura donde reconoce lo propio, lo que vuelve, lo que retorna y produce en su corazón lo esencial. El viaje último al sur —ya viudo—, con toda su familia, era otro eco de una identidad secreta entre la incongruencia y la acumulación del caos. La incomodidad —a cada uno de nosotros nos ocurre— destierra sueños, mientras un sistema de restricciones y normas nos va minando intrínsecamente.

La memoria misma es incierta, el recuerdo no puede resumirse en una línea sucesiva de hechos. Y el mundo comienza a ser poroso e imbricado. Es cuando la conciencia multiplica la evocación de las sensaciones.

Somos todos unos farsantes: sobrevivimos a nuestros problemas. (E. M. Cioran)

"A mis familiares, a mis amigos"[2]

Si se lee mi carta de renuncia a la Cleveland Clinic, está claro que mi regreso a la Argentina (después de haber alcanzado un lugar destacado en la cirugía cardiovascular) se debió a mi eterno compromiso con mi patria. Nunca perdí mis raíces. Volví para trabajar en docencia, investigación y asistencia médica. La primera etapa en el Sanatorio Güemes demostró que inmediatamente organizamos la residencia en cardiología y cirugía cardiovascular, además de cursos de post grado a todos los niveles. Le dimos importancia también a la investigación clínica en donde participaron la mayoría de los miembros de nuestro equipo.
En lo asistencial exigimos de entrada un número de camas (pequeño) para los indigentes. Así cientos de pacientes fueron operados sin cargo alguno. La mayoría de nuestros pacientes provenían de las obras

[2] Carta hológrafa del doctor René Favaloro.

sociales. El sanatorio tenía contrato con las más importantes de aquel entonces.

La relación con el sanatorio fue muy clara: los honorarios, provinieran de donde provinieran, eran de nosotros; la internación, del sanatorio (sin duda la mayor tajada). Nosotros con los honorarios pagamos las residencias y las secretarias, y nuestras entradas se distribuían entre los médicos proporcionalmente. Nunca permití que se tocara un solo peso de lo que nos correspondía.

A pesar de que los directores aseguraban que no había retornos, yo conocía que sí los había. De vez en cuando, a pedido de su director, saludaba a los sindicalistas de turno, que agradecían nuestro trabajo. Éste era nuestro único contacto.

A mediados de la década del 70, comenzamos a organizar la Fundación. Primero, con la ayuda de la SDDRA, creamos el departamento de investigación básica que tantas satisfacciones nos ha dado y luego la construcción del Instituto de Cardiología y Cirugía Cardiovascular. Cuando entro en funciones redacto los 10 mandamientos que debían sostenerse a rajatabla, basados en el lineamiento ético que siempre me ha acompañado. La calidad de nuestro trabajo, basado en la tecnología incorporada más la tarea de los profesionales seleccionados hizo que no nos faltara trabajo, pero debimos luchar continuamente con la corrupción imperante en la medicina (parte de la tremenda corrupción que ha contaminado a nuestro país en todos los niveles sin límites de ninguna naturaleza). Nos he-

142

mos negado sistemáticamente a quebrar los lineamientos éticos, como consecuencia jamás dimos un solo peso de retorno. Así obras sociales de envergadura no mandaron ni mandan sus pacientes al Instituto. ¡Lo que tendría que narrar de las innumerables entrevistas con los sindicalistas de turno! Manga de corruptos que viven a costa de los obreros y coimean fundamentalmente con el dinero de las obras sociales que corresponde a la atención médica. Lo mismo ocurre con PAMI. Esto lo pueden certificar los médicos de mi país que para sobrevivir deben aceptar participar del sistema implementado a lo largo y a lo ancho de todo el país.

Valga un solo ejemplo: el PAMI tiene una vieja deuda con nosotros (creo desde el año 94 o 95) de 1.900.000 pesos; la hubiéramos cobrado en 48 horas, si hubiéramos aceptado los retornos que se nos pedían (como es lógico no a mí directamente).

Si hubiéramos aceptado las condiciones imperantes por la corrupción del sistema (que se ha ido incrementando en estos últimos años) deberíamos tener 100 camas más. No daríamos abasto a atender toda la demanda.

El que quiera negar que todo esto es cierto que acepte que rige en la Argentina el principio fundamental de la libre elección del médico, que terminaría con los acomodos de turno. Lo mismo ocurre con los pacientes privados (incluyendo los de la medicina prepaga): el médico que envía a estos pacientes por el famoso ana-ana, sabe, espera recibir una jugosa participación del cirujano. Hace muchísimos años debo escuchar aquello de que ¡Favaloro no opera más! De dónde proviene este infundio. Muy simple: el paciente es estudiado. Conclusión, su cardiólogo le dice que debe ser operado. El paciente acepta y expresa sus deseos de que yo lo opere. "¿Pero cómo, usted no sabe que Favaloro no opera hace ya tiempo?" "Yo le voy a recomendar a un cirujano de real valor, no se preocupe." ¡El cirujano de "real valor" además de su capacidad profesional retornará al cardiólogo mandante el 50% de los honorarios! Varios de esos pacientes han venido a mi consulta no obstante las "indicaciones" del cardiólogo. "¿Doctor, usted sigue operando?" Y una vez más debo explicar que sí, que lo sigo haciendo con el mismo entusiasmo y responsabilidad de siempre. Muchos de estos cardiólogos son de prestigio nacional e internacional. Concurren a los congresos del American College o de la American Heart y entonces sí, allí me brindan toda clase de felicitaciones y abrazos cada vez que debo exponer alguna "lectura" de significación. Así ocurrió cuando di la Paul D. White lectura en Dallas. Decenas de cardiólogos argentinos me abrazaron, algunos con lágrimas en los ojos. Pero, aquí, vuelven a manifestarse en el "sistema", y el dinero es lo que más les interesa.

La corrupción ha alcanzado niveles que nunca pensé presenciar. Instituciones de prestigio, como el Instituto Cardiovascular Buenos Aires, con excelentes profesionales médicos, envía empleados bien entrenados que visitan a los médicos cardiólogos en sus consultorios. Allí les explican en detalle los mecanismos del retorno y los porcentajes que recibirán no solamente por la cirugía, por métodos de diagnóstico no invasivo (Holter hecho, cámara gamma, etc., etc.); los cateterismos, las angioplastias, etc., etc., están incluidos. No es la única institución. Médicos de la Fundación me han mostrado las hojas que les dejan con todo muy bien explicado. Llegado el caso, una vez el paciente operado, el mismo personal entrenado visitará nuevamente al cardiólogo, explicará en detalle la "operación económica" ¡y entregará el sobre correspondiente!

La situación actual de la Fundación es desesperante, millones de pesos a cobrar de tareas realizadas, incluyendo pacientes de alto riesgo que no podemos rechazar. Es fácil decir "no hay camas disponibles". Nuestro juramento médico lo impide.

Estos pacientes demandan un alto costo raramente reconocido por las obras sociales. A ello se agregan deudas por todos lados, las que correspondan a la construcción y equipamiento del ICYCC, los proveedores, la DGI, los bancos, los médicos con atrasos de varios meses. Todos nuestros proyectos tambalean y cada vez más todo se complica.

En Estados Unidos, las grandes instituciones médicas pueden realizar su tarea asistencial, la docencia y la investigación por las donaciones que reciben. ¡Las cinco facultades médicas más trascendentes reciben más de 100 millones de dólares cada una! Aquí ni soñando.

¡Realicé gestiones en el BID que nos ayudó en la

etapa inicial y luego publicitó en varias de sus publicaciones a nuestro Instituto como uno de sus logros! Envié cuatro cartas a Enrique Iglesias, solicitando ayuda (¡tiran tanto dinero por la borda en esta bendita Latinoamérica!), todavía estoy esperando alguna respuesta. Maneja miles de millones de dólares, pero para una institución que ha entrenado centenares de médicos desparramados por nuestro país y toda Latinoamérica no hay respuesta.

¿Cómo se mide el valor social de nuestra tarea docente?

Es indudable que ser honesto, en esta sociedad corrupta, tiene su precio. A la corta o a la larga te la hacen pagar.

La mayoría del tiempo, me siento solo. En aquella carta de renuncia a la Cleveland Clinic, le decía al Dr. Effler que sabía de antemano que iba a tener que luchar y le recordaba que ¡Don Quijote era español! Sin duda la lucha ha sido muy desigual.

El proyecto de la Fundación tambalea y empieza a resquebrajarse. Hemos tenido varias reuniones: mis colaboradores más cercanos, algunos de ellos compañeros de lucha desde nuestro recordado Colegio Nacional de La Plata, me aconsejan que para salvar la Fundación debemos incorporarnos "al Sistema". Sí a los retornos, sí al ana-ana. "Pondremos gente a organizar todo. Hay 'especialistas' que saben cómo hacerlo." "Debemos dar un paso al costado." "Aclararemos que vos no sabés nada, que no estás enterado." "Debés comprenderlo, si querés salvar la Fundación."

¡Quién va a creer que yo no estoy enterado! En estos momentos y a esta edad terminar con los principios éticos que recibí de mis padres, de mis maestros y profesores me resulta extremadamente difícil. No puedo cambiar. Prefiero desaparecer.

Joaquín V. González escribió las lecciones de optimismo que se nos entregaban al recibirnos: "a mí no me ha derrotado nadie". Yo no puedo decir lo mismo. A mí me ha derrotado esta sociedad corrupta que todo lo controla. Estoy cansado de recibir homenajes y elogios a nivel internacional. Hace pocos días fui incluido en el grupo selecto de las leyendas del milenio en cirugía cardiovascular. El año pasado debí participar en varios países desde Suecia a la India escuchando siempre lo mismo: "la leyenda, la leyenda".

Quizás el pecado capital que he cometido, aquí en mi país, fue expresar siempre en voz alta mis sentimientos, mis críticas, insisto, a esta sociedad del privilegio, donde unos pocos gozan hasta el hartazgo, mientras la mayoría vive en la miseria y la desesperación. Todo esto no se perdona, por el contrario se castiga. Me consuela el haber atendido a mis pacientes sin distinción de ninguna naturaleza. Mis colaboradores saben de mi inclinación por los pobres, que viene de mis lejanos años en Jacinto Arauz.

Estoy cansado de luchar y luchar, galopando contra el viento como decía Don Ata. No puedo cambiar.

No ha sido una decisión fácil pero sí meditada.

No se hable de debilidad o valentía.

El cirujano vive con la muerte, es su compañera inseparable, con ella me voy de la mano. Sólo espero no se haga de este acto una comedia. Al periodismo le pido que tenga un poco de piedad.

Estoy tranquilo. Alguna vez en un acto académico en USA se me presentó como a un hombre bueno que sigue siendo un médico rural. Perdónenme, pero creo que es cierto. Espero que me recuerden así.

En estos días he mandado cartas desesperadas a autoridades nacionales, provinciales, empresarios, sin respuestas.

En la Fundación ha comenzado a activar un comité de crisis con asesoramiento externo. Ayer empezaron a producirse las primeras cesantías. Algunos, pocos, han sido colaboradores fieles y dedicados. El lunes no podría dar la cara.

A mis familiares, en particular a mis queridos sobrinos, a mis colaboradores, a mis amigos, recuerden que llegué a los 77 años. No aflojen, tienen la obligación de seguir luchando por lo menos hasta alcanzar la misma edad, que no es poco.

Una vez más reitero la obligación de cremarme inmediatamente sin perder tiempo y tirar mis cenizas en los montes cercanos a Jacinto Arauz, allá en La Pampa.

Queda terminantemente prohibido realizar ceremonias religiosas o civiles.

Un abrazo a todos

RENÉ FAVALORO
Julio 29 / 2000, 14:30 horas

No era infrecuente verlo agobiado por la situación del país y por la deuda aparentemente inmanejable de la Fundación. Más de uno de sus colaboradores lo atizaba con el fantasma de la convocatoria. Era un hombre alabado y admirado pero también sentía el pesimismo ante tanta farsa. No era para menos. Debía reunirse con individuos despreciables, identificados con la falsedad, el soborno, los debates parlamentarios, funcionarios mediocres y moralmente tullidos. Las fealdades psíquicas de estos personajes estaban a la luz del día pero debía tratar con ellos por convenios, por negociaciones. La incoherencia verbal de estos clásicos de la picaresca criolla, la irresponsabilidad, eran arquetipos del desparpajo, de las mentiras evidentes. No querían ver el dolor de América, el hambre de América, la injusticia social y la explotación sin límites del imperialismo. Formaban parte del engaño, de los crímenes, del hambre que instalaron, de la desesperanza y la humillación que a hierro supieron imponer.

Cuando así lo descubría intentaba hablarle de temas que lo distrajeran, que lo alejaran —aunque momentáneamente— de tanta miserabilidad. Le conté una tarde una historia increíble de Jacinto Grau, el dramaturgo español que tantos años vivió en la Argentina. Grau (1877-1958) sufrió el exilio de los republicanos. Curiosamente fue uno de los pocos intelectuales de la España peregrina que vivió en extrema pobreza. En realidad no fue una curiosidad pues jamás contó —como muchos otros— con el apoyo del Partido Comunista o de la alta burguesía "de izquierda" que sabían financiar a cientos de amanuenses.

Un día su esposa advierte que en el comedor entraron ladrones. Don Jacinto, que leía en su cama, le dice que los deje hacer. Estupefactos, pues el dramaturgo indica que hagan lo suyo, se dan cuenta además de que no tienen nada para robar. Incluso descubren que no poseen ni heladera. Él, con su lectura. Se retiran turbados pues Grau los retiene un buen tiempo explicándoles que es un escritor, un hombre honesto, sin un céntimo y que por eso vive en un departamento de alquiler. A los pocos días "los ladrones" le llevaron al matrimonio una heladera. No es un mito ni una leyenda. La anécdota me la contó el poeta Lucas Moreno, al cual don Jacinto se la relató con lujo de detalles.

Quizá Favaloro fue el argentino que más tenaz y sobriamente ahondó en las relaciones entre el idealismo heroico y el éxito material. En estas páginas hay un sentido más bien crédulo que crítico, y cuando crítico, más en un sentido moral y activista que teórico. Hombres como él nacen y crecen en un ambiente de pensamiento mítico, religioso, y disminuyen cuando los trasplantamos al ambiente corrosivo de la historiografía burocrática. Por eso la palabra debe tener frescura y espontaneidad; nunca un pensamiento escéptico o rencoroso. En cada acto él dicta su sentir, sentir que siempre sentencia. En su mirada él busca lo humano de cada día, el amor a la múltiple e inabarcable realidad. De ahí la sorpresa de la gente al verlo comprar en las góndolas de un supermercado o en las verdulerías. O saber que acompañaba a misa los domingos a su esposa. El respetar la fila en los aeropuertos, el cortar los fideos a cuchillo y preparar el tuco de la abuela. El tiempo real de la vida es el que contiene las raíces de nuestra propia existencia, el espacio vivificado por la afluencia de un pasado que discurre, que nos proporciona sustento.

Cuando hablaba de la figura mítica del *Quijote* de Dalí no hacía otra cosa que recordar la materialidad sagrada de la tierra.

En una oportunidad —lo mencionó años después en una entrevista—, al visitarlo yo como hacía a diario en una de las habitaciones de la Fundación mientras se reponía de una hepatitis B, me confiesa: "Debe haber mucha gente deseando que yo muera. Alguien como yo les sirve a muchos, pero también les molesta a muchos". Y agregó: "Vivo laburando quince horas por día. No se consigue nada sin esfuerzo, Carlos". De inmediato intenté desviar la conversación hacia el fútbol y ciertas anécdotas circunstanciales. Le recordé una coincidencia que nos unía parcialmente y que me pareció simpático evocar en ese momento. Él había nacido un 12 de julio pero por influencia del doctor Arturo Favaloro —para rendirle homenaje a la Revolución Francesa— lo inscribieron el 14 de julio. Yo había nacido un 5 de julio y me anotaron el 9, fecha patria. Pero mi padre lo decidió para que no hiciera el servicio militar.

Solía compartir en su despacho, como lo señalé en reiteradas ocasiones, temas literarios, anécdotas

151

de plásticos o escritores amigos. En esas conversaciones participábamos de la energía del universo. Hablábamos de las supersticiones populares, del secreto de las hierbas, de las aventuras de la infancia. A veces le recordaba mi afecto por David Viñas, nuestros encuentros, sus costumbres. Detrás de cada anécdota o evocación marcábamos siempre una perspectiva política y social. Había una visión internacionalista de la historia: de los campos de concentración de Auschwitz o Belsen a los campos de exterminio soviéticos de Vorkuta o Solovetsky. De los relatos de la ruralía de Juan Bosch a la excepcionalidad de la Generación del 80.

Con Favaloro analizábamos las propuestas de los proxenetas en los avisos clasificados de los diarios tradicionales, de buena familia, donde el santoral se publica en otra sección. Hay que facturar, decíamos. Observábamos las fotografías, los *gentlemen*, las reconciliaciones políticas, la decadencia y el bochorno de la sociedad; el inmovilismo, la despolitización y la mutilación de la clase obrera, la corrupción que penetraba en cada intersticio, la corrupción, como una telaraña de arbitrariedades, muertes, secuestros, estafas. Allí funcionarios, políticos, jueces, policía, hacían su juego, su faena diaria.

Indagábamos caminos y temperamentos. Quizás, en un exceso de pasión, de énfasis lírico, desfilaban temas históricos y sociales; nuestra oligarquía, la ambigüedad de ciertos círculos académicos, de ciertos apellidos honorables, patricios. Recordábamos que Mitre o Sarmiento no utilizaron doble apellido, que eso vino después, entre hombrecillos y dependencias, entre mates y agonías, entre las cocinas de campo con sus *chinitas* y los señoritos de las estancias con novias vírgenes, *cocottes* y orejas de indios en los arcones. Junto a él desgranaba aquel siglo XIX en páginas de viajeros o en ensayos actuales pero siempre asociándolo a nuestros días, a nuestros gobernantes sin escrúpulos, sin pudor, canonizando la desvergüenza, el robo, el engaño. Veíamos la desazón generalizada, la ausencia de perspectivas, el clientelismo político, la degradación moral, el lavado de dinero, las corporaciones que entraban sin piedad con la crueldad de los conquistadores. Y también estaban los hechos íntimos y personales que dictaban la comprensión del mundo, la inocencia de la amistad, su retorno, su sueño de vivir los últimos años en el sur, lo que creíamos comprender de la mujer amada, de su misterio, del rumoroso ramaje de la vida. Algo de esto hablamos días antes de la Semana Santa de 2000.

La tierra es la verdad definitiva, es la primera y la última: es la muerte. (Ezequiel Martínez Estrada)

Ante mi renuncia muchas enfermeras me abrazaron con lágrimas en los ojos. Intenté siempre mostrar entereza pero al mismo tiempo calidez. Crecía la desesperanza entre los más humildes. Saludé al personal de maestranza, a los vigiladores, a los técnicos. El cuadro de desamparo se repitió meses después al despedirse empleados y médicos. No con todos, por supuesto.

Con descaro un nuevo jefe le reclama el cotidiano *piquito* afectivo a un personaje siniestro que fabulaba una gran amistad con el doctor. Y la daba a conocer por los medios a un público, seguro de que éste era incapaz de imaginar los entretelones de un pederasta.

La decadencia era parte del país y de la enajenación. Todo salía a flote. Algunos lo sospechaban, otros lo intuían, yo lo presentía desde hacía años. Aquellas conversaciones en torno a Diomede o Ronsard no se repetirían jamás en ese lugar. El desaliento que me manifestó en una charla íntima, al mismo tiempo un poco avergonzado por haber dejado traslucir su intimidad, entraba definitivamente en mi memoria, en mi sensibilidad cargada de pesar. Jamás quise volver a ver su despacho donde conversábamos a la luz tamizada de la tarde, esos diálogos nunca insignificantes en los que escuchaba su voz cargada de razón, inteligencia y entusiasmo sagrado. Días antes de ese fatídico 29 de julio estuve conversando allí, sentados uno al lado del otro, sobre la situación económica de la Fundación. A las pocas horas de su muerte productores de televisión, periodistas, intendentes, secretarios de gobierno, diputados, ministros, llamaban a mi oficina o a mi casa. Los primeros fueron desde Jacinto Arauz, Río Negro, Bahía Blanca, La Plata, San Luis. Desaparecía un universo trascendente de símbolos y nacía o se desocultaba la ferocidad. El lúcido reconocimiento se hilvanaba en las gentes humildes, en las huellas de su memoria inexplicable y honda.

Aparecieron flores, estampitas, papelitos con notas, fotografías recortadas de diarios en la entrada del

Instituto. Cientos de personas se renovaban permanentemente. Pacientes, vecinos, dejaban claveles, rosas o crisantemos ante la escultura de hierro de la entrada.

A las 48 horas se formó una fila de esos pobres seres doloridos, seres indigentes, jubilados, que duró más de diez horas. Se colocó una caja de cartón sobre un escritorio, una suerte de alcancía inapropiada. Al día siguiente pregunté cuánto se había recaudado. Si la memoria no me falla fueron juntados ochocientos veinticinco pesos. ¡Habían puesto monedas, centavos! A mi casa me llamaban amigos, parientes, profesionales, escritores, artistas. Su muerte destapó de inmediato la crisis moral y social de la sociedad, una sociedad que no tomó conciencia. Su profundo mensaje de autodestrucción por una situación en la que ya nadie podía esperar más era escuchado por los de abajo y desoído por los burócratas de las instituciones. La sociedad filicida ponía, una vez más, su máquina en funcionamiento.

Allí comenzaron las colectas telefónicas, las oraciones, las metáforas, las lágrimas hipócritas. Mientras César Milstein expresaba, desde el extranjero, su profunda zozobra y señalaba que ocho meses atrás había conversado con él en la Fundación recordando que a Favaloro lo acababan de nombrar miembro de la Academia del Tercer Mundo, aquí el gobierno nacional, con total cinismo, le otorgaba *post mortem* el premio médico del año.

Yo vivía una angustia inconsolable. Advertía la ferocidad ambiciosa y la estupidez. En ese laberinto de signos intentaba rescatar la memoria perdida. Me arrastraba un torbellino, un estigma. Comprendí en

155

esas horas que la historia del bien o del amor pertenecían a la leyenda. Comprendí que no me quedaba otro ámbito que la pasión por la soledad. Los años miserables se acercaban.

El lunes 31 de julio a las 18 horas, en la iglesia Santa Rosa de Lima, el sacerdote benedictino Mamerto Menapace ofició una misa en su memoria. Yo iba observando a cada empleado, a cada enfermera, a cada médico, a cada paciente, a cada persona de la calle. Se palpitaba el dolor compartido, la ansiedad en su conjunto. Al finalizar quise saludar a los familiares, en especial a Mariano. En un rincón de la sacristía vi reunidos, impávidos, a Menapace, Landriscina, Mahárbiz y Perversi. Cercana a ellos, Diana Truden. No pude contener las lágrimas; la impotencia estalló en mí. A la salida conversé con dos generosos amigos, el doctor Pichel y el doctor Racki.

Al día siguiente, por la mañana, los llamados de Perversi y de Landriscina no se hicieron esperar. Debía comunicarme con el presidente de la Asociación Argentina de Volantes, Carlos Odón, pues se correría el Trofeo Doctor René Favaloro. Se distribuirían jovencitas con alcancías en cada puerta del autódromo, gracias a la colaboración de una agencia de publicidad del hijo de Landriscina. Yo argumentaba hasta el cansancio que el doctor había enviado antes de morir cientos de cartas en donde decía sentirse un mendigo, que estaba cansado de golpear puertas, y que nosotros no podíamos salir a la calle con alcancías y mucho menos con promotoras.

Se planificaba para la otra semana una carrera de TC 2000 en Olavarría. Me informan que yo debía ir en representación de la Fundación para juntar dinero. Y que debía llevar una alcancía. Me niego terminantemente, me parece un disparate, una ofensa a su memoria. Los conflictos se precipitan. En mi lugar viaja el presidente de la Asociación de Amigos de la Fundación, Arnaldo Nouqué. Regresó con unos mil doscientos pesos. A ese importe insignificante había que descontar gastos de traslado y estadía.

En una de sus llamadas, Perversi me reitera que debo reunirme urgente con Jorgito Rodríguez, que le debo hablar a su celular, que gente de su confianza, "creativos", están diseñando *stickers*, obleas, logos, diseños con la imagen del doctor Favaloro. La idea era crear puestos de venta con remeras, gorras, lapiceras. Me sentía obnubilado, todo parecía patético. Naturalmente no lo hice. Recordé los primeros meses de la inauguración del Instituto. Por un lado la visión idealista, utópica. Por otro, la vulgaridad o el mercantilismo en la visita de un médico de su *staff* quien me sugiere que junto a él y otros socios podíamos instalar una casa velatoria sobre la avenida Belgrano, pues siempre era un negocio rentable este emprendimiento en la cercanía de un hospital. Ante mi estupor me propone otro proyecto: un hotel alojamiento, "¿adónde van a ir los médicos, las enfermeras, los familiares de los pacientes?"

Vivía la ordinariez en gestos y miradas. El frenesí, las marchas y contramarchas, la envidia, la incomprensión... existía un único tema en las innumerables reuniones diarias, en las interminables conversaciones telefónicas: bus-

157

car donaciones, organizar colectas, "aprovechar la sensibilidad del *popolo*". Un joven cuya familia vivía en Pilar, Mones Cazón, ingresa para realizar una pasantía. Venía recomendado por Pescarmona y su función era aplicar lo aprendido en una universidad privada. Necesitaba de mi colaboración, de mi archivo, de mis contactos. Me dice que él era el *fundrising*. "Con el doctor pasábamos la gorra", le respondo. El lenguaje cambia, la simulación se amplía en una connivencia irónica, la burocracia moral adquiere la teatralidad que corresponde. Ahora se acatan otros tonos: *merchandising*, *cash flow*, *management*, *outdoor training*. A las pocas horas de hablar con Favaloro de Eça de Queiroz, de Anatole France o de Carlo Levi el nombre que escuchaba era el de Peter Senge.

No eran seres sensuales, alegres; eran superficiales y frívolos. No despreciaban la cultura pues no se habían enterado de que existía. Todo giraba en torno a una pasión inútil y destructiva. Recordé aquella frase de W. Somerset Maugham: "Sólo una persona inepta rinde siempre al máximo de sus posibilidades".

Yo era el encargado de clasificar y archivar todo artículo que se editara —incluso los televisivos— donde se hiciera referencia a la institución o al doctor Favaloro. Y, por supuesto, a aquello relacionado con la cardiología o las estadísticas en torno a la salud en nuestro país. Esos biblioratos ocupaban gran parte de uno de mis depósitos.

A los dos meses de mi renuncia me entero de que lo publicado con motivo de la muerte del doctor (semanarios, revistas, diarios) que quedó en mi despacho había desaparecido. La versión oficial fue la siguiente:

el personal de limpieza, por error, los puso junto con la basura.

La orientación fervorosa de Favaloro, su conversación inteligente, era por supuesto reflejo de la belleza interior, su cabeza se iluminaba con un halo de oro, como decían de Proclo —el filósofo neoplatónico— sus discípulos.

Trivia ride tra le ninfe eterne. (Dante)

Wilhelm Reich señalaba que "la familia alemana" fue la fábrica desde donde se gestaban los microfascismos. Los "Hitler" cotidianos de las pequeñas familias. Hace unos años Eduardo Pavlovsky escribió un artículo sobre los "pequeños represores". Nos advertía que "se vienen tiempos difíciles y la economía de mercado necesita del microfascismo diario —cotidiano—, meticuloso y bien orquestado desde un sector de los medios, para su funcionamiento".

¿Dónde estará aquella carta que le entregué en mano en la cual intentaba analizar la situación del Instituto, la soberanía pasiva, opaca, que sutilmente iba neutralizando toda la escena, donde le escribía de esta impúdica sociedad que nos tocaba vivir, de la cual la Fundación era una parte? Esa carta que lo incomodó, pues no sólo manifestaba en ella la condición posmoderna del espíritu que nos rodeaba sino también las señales de estupidez y de pasividad, esa fragilidad de las apariencias, ese juego estratégico de un sistema social que terminaría por saturarnos.

Vuelvo a ver rostros y nombres en los diarios o en la

televisión de personajes encumbrados. A la gran mayoría los recibí o los traté en la Fundación. Recuerdo sus miradas, sus palabras medidas, la tilinguería de sus representaciones. Cada uno de ellos forma parte de esta enorme pornografía, de la gran masa gris, de las estructuras jerárquicas, de los pequeños represores. El microfascismo continúa gestándose con la meticulosidad del huevo de la serpiente. Desde la Fundación vi el país con otra óptica. Y comprendí el cinismo, el orden secreto del silencio. Ahora que no está, más que nunca recuerdo sus palabras: "Debo confesar que América Latina me duele en el alma. Todos sus países son iguales. Absolutamente todos. Las imágenes que se ven son semejantes: una minoría goza de todos los privilegios mientras la mayoría de la población vive en la miseria y el abandono. Latinoamérica sigue siendo la tierra de la injusticia." Y también: "Es necesario insistir, insistir e insistir. Llegando al final de mi existencia compruebo, día a día, que sigo soñando dado que no me han abandonado las utopías."

Y aquella cita de Unamuno, que tanto amaba, y que quiso que estuviese en la revista que junto a él hicimos con motivo del quinto aniversario de la apertura del Instituto: "Para obtener la verdad lo primero es creer en ella, en la verdad, con todo el corazón y toda el alma; y creer en la verdad con todo el corazón y toda el alma es decir lo que se cree ser verdad siempre, y en todo caso, pero muy en especial cuando más inoportuno parezca decirlo (...) Aquí se hace preciso ir por campos y plazas, por montes y valles, por hogares y sitios públicos repitiendo esto: 'Decid siempre en voz alta lo que penséis en silencio'".

Lo recuerdo leyendo este fragmento. Se le quebraba la voz hasta las lágrimas. Todo esto se comprende demasiado tarde, pues es de las verdades que León Chestov ha denominado "revelaciones de la muerte".

Estoy en la casa de una amiga, profesora en Letras, especialista en lenguas clásicas. Habíamos terminado de tomar el té. Escuché con verdadero deleite, como siempre, su conversación en torno a Góngora, Lucrecio, *Los versos de oro* de Pitágoras. Su calidez y su inteligencia me resultan inagotables. En un momento, luego de hablar con pasión y fervor de viajes, de ciudades mágicas, de museos, me pregunta por el suicidio de Favaloro. Le relato sus últimos años, el entorno familiar, la confusa trama que se teje —imperceptible— en la intimidad de los pensamientos, las frustraciones y desgarramientos que produce esta sociedad. "Mientras se está sostenido de una escena", me dice, "está la vida. Pero ante 'la evidencia' se corta el hilo. Hay que saber cuál fue su evidencia." Guardamos silencio. "El amor es siempre transitorio", atino a responderle: "Sabés que uno siempre insiste sobre la inutilidad de esa sensación de perdurabilidad que tienen los que aman." Me callé y la miré fijo. Me responde: "Deberías recordar *La Odisea*, en especial la parte de la isla de Ea, donde habitaba Circe. Y también el esbozo de prólogo del *Fausto* de Lessing, donde los diablos deliberan invisibles en el altar de una catedral y acuerdan confiar a uno de ellos la tarea de seducir al doctor Fausto."

Lo evoco en los días dichosos, riendo, abriendo sus brazos, recordando anécdotas de su juventud, hablándome de la calandria, de un amor juvenil, de la Cleveland Clinic. Lo recuerdo eufórico y risueño contándome el trabajo que hacía en su huerta, leyéndome páginas de un libro de sociología, describiéndome una mujer de caderas etruscas. Pero también en los días angustiados que precedieron a su muerte.

Todo se aplebeya en el país. Favaloro recibía críticas mordaces de muchos de sus colegas, pues sentían que cuando hablaba de lo social, de historia argentina o de fútbol formaba parte de una bravuconada, de un criollismo ancestral. Muchos de ellos —como solía reiterar René— usaban un delantal por la mañana en el hospital público y gemelos de oro por la tarde en sus consultorios. Por supuesto que él también tenía profundas contradicciones, qué duda cabe, pero lo que omiten mencionar es que siempre jerarquizaba a sus interlocutores. No hay sobrevaloración en mis apreciaciones, su dimensión era tan singular e inédita que resulta imposible compararla con la inmensa mayoría de los galenos.

En 1999 yo había viajado con Rocío a Sicilia y a Pompeya, pues necesitaba profundizar ese mundo de saber ilustre que me fascinaba desde los años del profesorado en Letras. Siempre fui un admirador de Italia y de la Magna Grecia. Allí Fata Morgana, el Tirreno, Mesina, los cíclopes y los lestrigones, Segesta, Siracusa, Agrigento, generaban en mí una emoción mágica. Me protegían las voces de Sciascia, Pirandello, Lampedusa. Y las imágenes de esa belleza áspera de los hermanos Taviani.

El doctor Favaloro había dejado las tierras de "los macarrones cortos y gordos", la del sol cegador, la de los dioses rústicos y primigenios una semana antes de nuestro arribo. Había sido invitado a dictar conferencias en las universidades de Catania y de Palermo. Es válido recordar que por los años 80 fue convocado por su trascendencia internacional a fijar residencia en Chietti, sobre el Adriático. Le ofrecían una mansión y el único compromiso de realizar una o dos cirugías por semana. En la célebre clínica de la ciudad de Chietti está hoy el prestigioso cardiocirujano profesor Antonio María Calafiori. Favaloro, profundamente agradecido, prefirió quedarse en la Argentina.

Luego de dar las conferencias en las universidades mencionadas y visitar un centro cardiológico en Palermo, partió especialmente hacia el archipiélago de Eolio o Lípari, a la isla de Salina, de donde provenían sus ancestros. Este viaje interior me lo contó con minuciosidad a mi regreso. Se mostraba eufórico y feliz. Conoció la casa de sus humildes abuelos, descubrió el monte Favaloro y "una isla que era el paraíso terrenal". Fue acompañado permanentemente por un hombre culto, de gran fineza, el *síndaco* (intendente) de Santa Marina di Salina, el doctor Riccardo Gullo. También me describió —como en un gran fresco— la recepción que le hicieron, una noche de transposición mítica, en un palacio renacentista. Allí vistió su *tuxedo* (smoking) y fue homenajeado —en el sentido arcaico y venerable de la palabra— como pocas veces le había ocurrido. Estaba rodeado de afecto, de reconocimiento: un tributo en suelos esmaltados y techos que enmarcaban escenas alegóricas o ramos de estucos antiguos y dibujos suaves.

Le hice notar, no sin dificultades, el desparpajo de ciertos personajes que habían ingresado a la Fundación pues eran de una grosería inimaginable. Además de la decadencia del país, de sus gobernantes, ya habíamos sufrido la incapacidad de nuestros propios próceres. Estos últimos no sólo se destacaban por su mediocridad, la mala entraña, sino que era su característica el aura de comité, sus charlas de café, la predicación superficial. Desdeñaban la capacidad, el talento o cualquier acción altruista. Lo dramático y contradictorio radicaba en que el mismo doctor Favaloro los había convocado y les había otorgado autoridad por influencia, consejo o vaya a saberse qué otro enigma de cierto "amigo del alma" que solía escuchar con atención.

Inexorablemente la desdicha, la alineación y la exclusión se tejían en torno de estos rufianes de la picaresca criolla. Todo se condicionaba a opiniones miserables, se inmovilizaba lo inmediato. Desde el Comité de Ética se lo hicimos saber y se sintió profundamente molesto, en especial conmigo. En la desdicha deleznable que generaba el sinsentido comenzamos a intuir, unos pocos, el despojo, la ingratitud, el dejar hacer. Veíamos el riesgo de la desintegración o, peor aún, de que todo se comercializara, que redentores, empresas

164

u otros "amigos" saquearan sin piedad un esfuerzo de décadas, quedando como símbolo para futuros ejecutivos una placa de bronce y la estela de su fundador en la memoria colectiva. Ése era el ámbito por el cual nos desplazábamos finalmente.

Lo paradójico es que estos caballeros del lunfardo con rostros adustos enfatizaban arengas definitivas como si fueran dioses del Olimpo. Se filtraban por debajo de las puertas, en los terrenos aledaños, en los memorándum, en los pasillos, la figuración, la simulación. Como dijo Borges magníficamente: "Figuración o muerte".

Pero nada de lo que relato es inocente. Es una radiografía pequeña del país, de lo que se venía. Como nunca fue inocente la conducta que manifiestan aquellos a quienes ayudó desde la adolescencia —moral y económicamente— con total desinterés, llegando a ocupar estos desequilibrados emocionales y mentales cargos inmerecidos. Ahora, también en aquellos días, es claro ver que resulta imposible llevar adelante un proyecto de estas dimensiones entre tanta infamia y corrupción. No se puede buscar en las carreras de caballos o el juego ayuda para financiar la ciencia o la salud. Comienzan a aparecer personeros, tipejos, mafias. Y todo lo que ello representa.

Nada de esto es inocente. Ni la solemnidad ni los vagos con camisas celestes, corbatas amarillas y boquillas al mejor estilo del Guasón ocupando puestos de gerentes. Señoritos que atacan, forman un sistema corporativo, un engranaje social y político, con artimañas legales, de un barroquismo burocrático. Y acuñan frases en discursos primitivos, alucinados por el poder y la

rapacidad. Cierto lenguaje enrevesado en el que costaba desentrañar el significado de su tartamudez mental.
¡Cuántas veces debí corregir ese frenesí de disparates!

Al doctor René Favaloro le señalaba el canibalismo
que iba consumiendo fuerzas, energías, pero que también tropicalizaba y empequeñecía la conciencia, el concepto cultural —en su amplio significado— de la Fundación. Jamás pudieron comprender el modelo que propuso su creador, sus alcances, su especificidad. Nunca le
agradó a él lo que yo le decía, lo que sospechaba debía
dolerle íntimamente. Una vez le recordé una frase de
Mujica Lainez: "La traición se perdona, el éxito no."

Pero en estos contubernios hay siempre una des-
naturalización y una actitud aviesa. A veces con el
laconismo, otras censurando al personal, humillando
a profesionales y directivos, su gerente administrativo amenazaba sobre un escenario apocalíptico. Y allí
el noventa por ciento era servil. Mientras tanto el
trato con otras instituciones era confuso, incierto,
cuando no ocultaba un fin meramente pecuniario. La
Fundación se desangraba entre la tristeza de unos pocos, la complicidad de muchos, el desinterés de la
mayoría y el egoísmo de todos. Se iba enhebrando la
desidia y la vulgaridad hasta transformar cada situación en una telaraña.

Stephen Jay Gould, uno de los más trascendentes
biólogos evolucionistas del siglo XX, considera en *La
grandeza de la vida* que es erróneo afirmar la tendencia
de la vida hacia una creciente complejidad anatómica y
neuronal, que este concepto responde a fuertes raíces
culturales e ideológicas y por eso "intenta demostrar,

en este libro, que el progreso es, pese a todo, un espejismo".

Esto es, en pocas palabras, lo que resumo de los últimos años. Un reflejo de esta Argentina donde aparentemente todo vale, donde la simulación y lo obsceno se dan la mano y la verdad y la mentira se confunden hasta travestirse. No es casual que alguien muy cercano a él a los dos días de su muerte expresara: "Lo hizo para vengarse de nosotros".

Todo se subordinó a la táctica política del momento. Nada se puede cambiar sin comprender. Esta tendencia deformante —que venía de sus inicios— se agudizó y se convirtió en una generalización enfermiza. Esta deformación, consciente o inconsciente, tiene su raíz en aspectos sociales e históricos pero también en opiniones personales. El subjetivismo, aun cuando adopta formas apasionadas, tiene una íntima conexión con el escepticismo: en tanto niega la existencia de verdades predispone a determinado contenido y viceversa.

Las propias contradicciones internas —creadas por sus apologistas inmediatos— generaban en sus "filósofos" las nuevas mansiones, los últimos modelos de automóviles, una atmósfera obsesiva de apetencias personales y estériles. Sus aspectos ridículos no deben impedirnos ver lo que significaba la disolución progresiva. Las palabras, la conducta, el coraje civil del doctor René Favaloro, como sus cenizas, fueron arrojadas al monte, dispersas por el viento. Aquí su pedido requiere, desde otro ángulo, una reflexión que cobre otra magnitud en la especulación para develar la soledad y el aislamiento.

Rescatamos la premonición certera de un pensamiento que por los años sesenta escribió Osvaldo Loudet: "En los períodos de crisis, las culpas se buscan automáticamente en el pasado, cuando los culpables viven en el presente."

Si el pueblo cabe en mi pecho, cabe la bala también.

ATAHUALPA YUPANQUI

Resumen de la biografía del Dr. René G. Favaloro, descubrimientos médicos y científicos y principales hechos históricos desde 1920 hasta 2000

Año	Hechos históricos	Hechos científicos	Vida de Favaloro
1920	El ejército Rojo derrota a los contrarrevolucionarios. Proceso a Sacco y Vanzetti. Los aliados derrocan a Faisal, rey de Siria. Paul Valéry publica *El cementerio marino*. Muere Rafael Obligado.		
1921	Estado Libre de Irlanda (Eire). Creación de la NEP. La Patagonia Rebelde: fusilamientos. Lenin ordena el arresto de Trotsky. Capablanca arrebata el título mundial de ajedrez a Emanuel Lasker. Muere Enrico Caruso.	Banting y Best (canadienses) son los primeros en administrar insulina a un diabético moribundo, salvándole la vida. Calmette y Guerin desarrollan la primera vacuna antituberculosa. Se inventa la "curita" Band-Aid, de Johnson y Johnson.	
1922	Benito Mussolini es nombrado Primer Ministro italiano. Cae el Imperio Otomano. Stalin, secretario general del Partido Comunista de la URSS. Pio XI Papa. Guerra en Marruecos. Sublevación en Irlanda. Se descubre la tumba de Tutankamón. Asume Marcelo T. de Alvear como presidente.		

Año	Hechos históricos	Hechos científicos	Vida de Favaloro
	Muere Graham Bell y se suicida Belisario Roldán.		
1923	Crisis y desocupación en Alemania. Movimiento antiimperialista en Cuba: Julio A. Mella. El combate del siglo: Firpo-Dempsey. Dictadura de Primo de Rivera en España. Muere Sarah Bernhardt. Es asesinado Pancho Villa. Kurt Wilkens ejecuta al teniente coronel Varela, autor de los fusilamientos de la Patagonia. Muere Joaquín V. González.		Nace el 12 de julio en la ciudad de La Plata (68 entre 1 y 2). Sus padres, Juan Bautista Favaloro e Ida Raffaelli, lo anotan el 14 de julio.
1924	En China desaparece Sun Yat Sen. Giacomo Matteotti es asesinado. Grecia se convierte en república. Thomas Mann publica La montaña mágica. Gershwin da a conocer Rapsodia en azul. Mueren Lenin y Julián Aguirre.	Aparece el Electroencefalograma (Hans Berger, psiquiatra alemán).	
1925	Mussolini asume en Italia el poder irrestricto. Nace la república de Albania. Se estrena El acorazado Potemkin, de Sergei M. Eisenstein, y La quimera del oro, de Charles Chaplin. Bernard Shaw, premio Nobel de literatura. Primera visita de un club argentino al viejo mundo: Boca Jrs. obtiene una victoria en Vigo. Mueren Juan Vucetich y José Ingenieros.		

172

Año	Hechos históricos	Hechos científicos	Vida de Favaloro
1926	Insurrección de obreros armados en Shanghai. Se implantan dos dictaduras en Europa: Carmona en Portugal y Pilsudski en Polonia. Hiroíto emperador de Japón. Dempsey cae ante un nuevo campeón mundial, rubio y lector de Shakespeare: Gene Tunney. Muere Rodolfo Valentino.		
1927	Guerra civil en China. El Partido Comunista expulsa a Trotsky. Latinoamérica se solidariza con Sandino. Son condenados a muerte Sacco y Vanzetti. Primera transmisión de televisión. Se estrena *Metrópolis*, de Fritz Lang. Muere Ricardo Güiraldes.		
1928	Primer Plan Quinquenal de Stalin. El marxismo en América Latina: José Carlos Mariátegui. Primera imagen de televisión en Londres. Malcolm Campbell guía su automóvil a 333 km/h. Japón invade China. Trotsky es desterrado a Siberia. Erupción del volcán Etna. Primera manifestación del cine sonoro: *El cantor de jazz*. Hipólito Yrigoyen asume su segunda presidencia.	Einstein presenta su teoría del campo unificado. Alexander Fleming, médico escocés, descubre las propiedades antibióticas de la penicilina. Comienza a utilizarse el test de Papanicolau.	

173

Año	Hechos históricos	Hechos científicos	Vida de Favaloro
1929	Quiebra la Bolsa de valores de Nueva York. Tratado de Letrán. Se crea la ciudad del Vaticano. Ortega y Gasset publica *La rebelión de las masas*. Llega a Buenos Aires Le Corbusier. La llama "La ciudad sin esperanza". Muere Paul Groussac.	Philip Drinker, ingeniero americano, inventa el "Pulmón de Acero" o "Pulmotor", que salva la vida de miles de afectados por la polio. Werner Forssman se realiza a sí mismo el primer cateterismo humano.	
1930	Golpe del general José Félix Uriburu a Hipólito Yrigoyen. Hitler es nombrado canciller del Reich. Culmina el ciclo dictatorial de Primo de Rivera. Inglaterra reconoce la independencia de Irak. Gandhi comienza su campaña de desobediencia civil en la India. Primer campeonato mundial de fútbol en Uruguay, Argentina subcampeón.	Se descubre el planeta Plutón.	
1931	Nace la República Española. Agitación obrera en La Paz, Bolivia. Derrocamiento de Ibáñez en Chile. Fusilamiento de Severino di Giovanni. Los japoneses ocupan Manchuria. Carlos Gardel actúa en la Costa Azul. Fundación del Partido Galleguista. Primer campeonato profesional de fútbol en la Argentina. Muere Pascual Contursi.	El Dr. Earle Haas inventa el tampón, que se registró con el nombre "Tampax". Aparece el flash electrónico. Erns Ruska, ingeniero alemán, inventa el microscopio electrónico.	

174

Año	Hechos históricos	Hechos científicos	Vida de Favaloro
1932	China entra en guerra con Japón, y Paraguay con Bolivia. Franklin Delano Roosevelt es electo presidente en los Estados Unidos y Salazar en Portugal. Vito Dumas a bordo del Legh vence la inmensidad del mar. Nace el Estado Soberano de Irak. En Los Ángeles tienen lugar los Juegos Olímpicos. Nace el radioteatro en Buenos Aires. Agustín P. Justo asume como presidente.	Chadwick descubre el neutrón.	
1933	Fracasa un complot contra la República Española. Los irlandeses deciden eliminar la fidelidad a la Corona. Pacto Roca-Runciman. Se publican *La condición humana* de Malraux y *Radiografía de la pampa* de Martínez Estrada. Llega Federico García Lorca a Buenos Aires. Muere Hipólito Yrigoyen.	Aparece la lámpara fluorescente.	
1934	Hitler es declarado canciller-presidente de Alemania. Cárdenas presidente en México. El Graf Zeppelin surca los cielos de Buenos Aires. Luigi Pirandello premio Nobel de literatura. Se incendia la rambla La Perla en Mar del Plata. Se inaugura en la Argentina el 32° Congreso Eucarístico Internacional.		

175

Año	Hechos históricos	Hechos científicos	Vida de Favaloro
	Muere Augusto César Sandino.		
1935	Es asesinado Enzo Bordabehere en el Senado de la Nación. Mussolini ataca Etiopía. Bolivia y Paraguay convienen el armisticio. Chiang Kai-Shek asume en China. Asume Batista en Cuba. Se estrena *Los 39 escalones*, de Alfred Hitchcock. Mueren Carlos Gardel, Fernando Fader y Lawrence de Arabia.	Primer rollo de fotografía color (Kodakhrome).	
1936	Sublevación de Franco en Marruecos, estalla la Guerra Civil Española. Irlanda declara la independencia. Eduardo VIII abdica al trono de Inglaterra. Carlos Saavedra Lamas, premio Nobel de la paz por su intervención en la Guerra del Chaco entre Bolivia y Paraguay. Se inaugura el Obelisco en la Plaza de la República. Muere Lola Mora.		Ingresa al Colegio Nacional de La Plata. Allí tiene como docentes, entre otros, a Ezequiel Martínez Estrada, Arturo Marasso, Carlos Sánchez Viamonte y Pedro Henríquez Ureña.
1937	Los alemanes bombardean Almería. Miles de muertos en España, es destruida Guernica. Jorge VI es coronado en Inglaterra. Getulio Vargas es el nuevo dictador en Brasil. Lisandro de la Torre renuncia a su banca. Se inaugura la avenida 9 de Julio.	Creación del primer banco de sangre en el mundo en el Cook County Hospital, Chicago. Explosión del transporte aeroestático Hindenburg en Nueva York.	

Año	Hechos históricos	Hechos científicos	Vida de Favaloro
1938	Hitler ocupa Austria. Se suicida Leopoldo Lugones, es enterrado en la Recoleta en un mausoleo que no lleva su nombre. Biro, un argentino, inventa la "Birome". Aparece la primera fotocopia con sistema "Xerox". Se suicida Alfonsina Storni. Se estrena *Blancanieves*, de Disney. Orson Welles hace *La guerra de los mundos* de H.G. Wells, por radio. Asume como presidente Roberto M. Ortiz.	Robert Gross realiza la primera cirugía de ligadura de un conducto arterioso permeable. Primer reemplazo de cadera realizado con una prótesis de cabeza de fémur de acero inoxidable (Dr. John Wiler).	
1939	Fin de la Guerra Civil Española. Pacto germano-soviético. Roosevelt propone a Hitler y Mussolini una paz de diez años. Checoslovaquia cae bajo las botas alemanas. Rusia ataca a Finlandia. Barcelona cae en poder de Franco. Muere el Papa Pio XI. Se suicida Lisandro de la Torre.	Sikorsky inventa el helicóptero.	
1940	Churchill reemplaza a Chamberlain. Hitler invade Dinamarca, Noruega, Bélgica, Francia, Holanda, Luxemburgo y Rumania. El 14 de junio cae París. Comienzan los ataques aéreos a Inglaterra y el norte de África. Alemania, Italia y Japón firman el pacto tripartito.	Primera inseminación artificial.	

Año	Hechos históricos	Hechos científicos	Vida de Favaloro
	Italia invade Grecia. Estalla la guerra de Indochina. Estados Unidos implanta el servicio militar obligatorio. En México es asesinado León Trotsky. Se publica *Por quién doblan las campanas*, de Ernest Hemingway. Escándalo de las tierras de El Palomar. Se corre el Gran Premio Automovilístico hasta Perú. Lo gana Juan M. Fangio.		
1941	Sitian Leningrado. Alemania, Italia y Japón (el eje) contra Inglaterra, Rusia y los Estados Unidos (aliados). Stalin dicta su política: todo debe ser quemado, fábricas, cosechas, alimentos. En la Argentina se crea la flota mercante del Estado. Se estrena *El ciudadano*, de Orson Welles.	Se generaliza el uso de la penicilina.	
1942	Hay un nuevo jefe norteamericano: McArthur. Montgomery y Rommel luchan en el desierto de Libia. Se suicida Stefan Zweig en la capital de Brasil. Discépolo escribe el tango *Uno*. Se estrenan *Casablanca*, de Michael Curtiz, y *La guerra gaucha*, de Lucas Demare. Muere Roberto Arlt.	Se crea en Alemania el primer avión a reacción (ME-262). Selman Waksman, microbiólogo americano nacido en Rusia, descubre la estreptomicina, primer antibiótico contra la tuberculosis. William Kolff, del hospital municipal de Kampen, Holanda, bajo la ocupación nazi y en circunstancias muy adversas, logra construir una máquina de diálisis renal	Ingresa a la Facultad de Medicina de la Universidad Nacional de La Plata (UNLP). Se forma con el profesor Christmann.

178

Año	Hechos históricos	Hechos científicos	Vida de Favaloro
		para ser utilizada en humanos.	
1943	Los rusos rompen el cerco de Stalingrado. Los aliados comienzan a tomar posiciones. Tito asume la conducción de Yugoslavia. Asume la presidencia el general Pedro Pablo Ramírez. Jean-Paul Sartre publica *El ser y la nada*.		
1944	París vuelve a manos francesas. Los rusos reconquistan Sebastopol. Fracasa un atentado contra Hitler. Surge la figura de Eisenhower. Desembarco en Normandía. Premio Nobel de la paz a la Cruz Roja. Violento terremoto en San Juan. Muere Glen Miller.	Hench y Kendall utilizan la cortisona para el tratamiento de la artritis reumatoidea. Ambos reciben el premio Nobel por su trabajo. Alfred Blalock realiza la primera operación de derivación subclavio-pulmonar en una cardiopatía congénita cianótica (niño azul).	
1945	Bombas atómicas en Hiroshima y Nagasaki. En Berlín se suicida Adolf Hitler. Yugoslavia se convierte en república. Se crea Vietnam. Triunfan los laboristas en Inglaterra. Se estrena *Roma, ciudad abierta*, de Roberto Rossellini. Gabriela Mistral, premio Nobel de literatura. Asume la presidencia Juan Domingo Perón.		Es detenido con otros miembros de la Federación Universitaria. Es trasladado a la cárcel de Olmos.
1946	Primera asamblea de las Naciones Unidas.	Se crea la computadora ENIAC.	Ingresa al servicio militar.

Año	Hechos históricos	Hechos científicos	Vida de Favaloro
	Las fuerzas aliadas juzgan a los criminales de guerra. Triunfa la fórmula Perón-Quijano. Profesores secundarios y universitarios son cesanteados por el régimen peronista. Muere Manuel de Falla.		
1947	Nace el Plan Marshall. Europa asiste a una división tajante de su mapa. Se sanciona la ley del voto femenino en la Argentina. Un nuevo ídolo del boxeo: José María Gatica. Mueren Al Capone y Henry Ford.	Bernardo Houssay, premio Nobel de medicina por el descubrimiento de la función de la hormona del lóbulo hipofisario anterior en el metabolismo del azúcar. Primera cámara Polaroid: fotos instantáneas en blanco y negro.	
1948	Es asesinado Mahatma Gandhi. Se acentúa la Guerra Fría. Queda proclamada la República de Israel en Tel Aviv. Mao Tse Tung continúa su larga marcha revolucionaria. Estados Unidos inicia su carrera atómica. Estatización de los ferrocarriles británicos en la Argentina.	Se crea el transistor en los laboratorios telefónicos Bell. Primera comisurotomía exitosa, realizada en Filadelfia por Charles Bailey. Primer tratamiento exitoso de la artritis con corticoides (cortisona) por parte de Hench y Kendall.	Se gradúa como médico en la Universidad Nacional de La Plata.
1949	Se crea la República Popular China. Sigue la lucha en Vietnam, su líder es Ho Chi Minh. Surge la OTAN. En Sicilia se habla de Salvatore Giuliano. El existencialismo es moda en París.	Aparecen las sales de litio como estabilizadoras del humor.	Doctor en Medicina (UNLP).

Año	Hechos históricos	Hechos científicos	Vida de Favaloro
1950	Guerra en Corea. China ocupa el Tibet. Bertrand Russell premio Nobel de literatura. Año del Libertador General San Martín. Ricardo Balbín es condenado a 5 años de prisión. Argentina campeón mundial de básquet. Muere George Orwell.		Parte a Jacinto Arauz, provincia de La Pampa, donde se desempeña como médico rural.
1951	Tropas de Israel invaden Egipto. Revolución antiperonista del general Menéndez. Se clausura el diario La Prensa. Juan Manuel Fangio campeón del mundo. En Cannes triunfa Milagro en Milán, de Vittorio de Sica. Muere Discepolín.		El 18 de noviembre se casa con María Antonia Delgado. Viaja de luna de miel a Capilla del Monte, Córdoba.
1952	Eisenhower es elegido presidente en Estados Unidos. Guerra en Corea. Segunda presidencia del general Perón. Se incendia el Mercado de Abasto. Muere Eva María Duarte de Perón.	Aparece la píldora anticonceptiva (Norethindrona). Comienza a utilizarse la Clorpromacina para el tratamiento de la esquizofrenia. Charles Hufnagel implanta la primera válvula artificial en la arteria aorta torácica descendente. Lewis, Lillehei y Varco realizan la primera cirugía cardíaca con visión directa utilizando paro circulatorio.	

Año	Hechos históricos	Hechos científicos	Vida de Favaloro
1953	Muere Stalin. Paz en Corea. Churchill recibe el premio Nobel de literatura. Se incendian el Jockey Club, la Casa Radical y la Casa del Pueblo. Stabile dirige la Selección Argentina, los cinco delanteros son de Independiente. Nacen Los Chalchaleros. Muere la reina María de Inglaterra, e Isabel II es coronada.	Se descubre la estructura de doble hélice del ADN: Watson, Crick y Rosalind Franklin. John Gibbon utiliza por primera vez la bomba corazón-pulmón en cirugía cardíaca, realizando una reparación de una comunicación interventricular en una joven de 18 años con resultado exitoso. Diez años después, la paciente recibió el premio "Reina de Corazones" de manos del presidente Lyndon Johnson. Score de Apgar, desarrollado por Virginia Apgar, anestesióloga americana, evalúa la necesidad de resucitación en el recién nacido al primer y quinto minuto después del nacimiento.	
1954	Ho Chi Minh triunfa en Vietnam. Se suicida Getulio Vargas en Brasil. Hemingway premio Nobel de literatura. Conflicto entre el peronismo y la Iglesia. Primer festival cinematográfico internacional en Mar del Plata. Pascual Pérez campeón mundial de boxeo.	Los doctores Lillehei y Varco realizan en Minnesota la primera cirugía cardíaca con circulación cruzada. Aparece la vacuna Salk contra la polio. Surge la bomba de hidrógeno.	

Año	Hechos históricos	Hechos científicos	Vida de Favaloro
1955	Se firma el Pacto de Varsovia. Tropas israelíes en la frontera jordana. Reestablecimiento de la soberanía austríaca. Se inaugura Disneylandia. Cae Perón, surge la Revolución Libertadora. Muere James Dean.	Kirklin realiza la primera cirugía con circulación extracorpórea, inaugurando la era de la cirugía cardiovascular moderna.	
1956	Egipto es invadido. Año del Canal de Suez. Khrushev denuncia los crímenes de Stalin. La URSS invade Hungría. Fidel Castro y un médico argentino, el Che Guevara, entre 80 revolucionarios comienzan a luchar contra Batista en Cuba. Juan Ramón Jiménez premio Nobel de literatura. Jorge Luis Borges es designado director de la Biblioteca Nacional.		
1957	Nace la era espacial: los rusos lanzan el Sputnik I. Nueva purga en Rusia. Independencia de Ghana. Guerra en Argelia. Se inaugura el Monumento a la Bandera. Mueren Humphrey Bogart y Ricardo Rojas.	Ian Donald, obstetra escocés, es el primero en utilizar ultrasonido para detectar problemas en el embarazo.	
1958	Coexistencia pacífica entre Washington y Moscú. Nace la República Árabe Unida. De Gaulle presidente en Francia. Se crea Yacimientos Carboníferos Fiscales. Juan Gálvez obtiene el Gran Premio de automovilismo. Arturo Frondizi nuevo pre-	Se crea el primer microchip con circuito integrado (Texas Instruments). Primer implante de un marcapasos desarrollado por Bakken (fundador de Medtronic) y Lillehei.	

183

Año	Hechos históricos	Hechos científicos	Vida de Favaloro
	sidente de la Argentina. Muere el Papa Pio XII, surge Juan XXIII.		
1959	Un cohete cósmico soviético alcanza la luna. Fidel Castro toma el poder en Cuba. Hawai es proclamado oficialmente el 50º estado de la unión americana. Se publica *Los dueños de la tierra* de David Viñas. Se estrenan *Sin aliento*, de Jean-Luc Godard, y *Los 400 golpes*, de François Truffaut. Mueren Raymond Chandler y Raúl Scalabrini Ortiz.	Se crea la primera droga mayor exitosa contra la leucemia: Purinethol (2 amino 6-mercaptopurina). La misma investigadora, Gertrude Elion, crea en 1962 el imuran (Azatioprina), droga inmunosupresora, permitiendo los transplantes de riñón de donantes no relacionados. Se crea el primer pañal descartable (Pampers).	
1960	Un líder negro del Congo: Patrice Lumumba. Conferencia del desarme en Ginebra. Se inaugura Brasilia, nueva capital del Brasil. Se secuestra a Eichmann, criminal de guerra nazi, en la Argentina. Nora Nolan, Miss Universo, es argentina. Muere Albert Camus.	Se desarrolla el rayo L.A.S.E.R., luz amplificada por la emisión de radiación. Aparece el analgésico tylenol, acetaminofeno. Aparece el propanolol, droga beta-bloqueante que le disminuye la carga al corazón. Primer implante de una válvula artificial (Starr-Edwards, a bola).	
1961	Yuri Gagarin, primer hombre en el espacio. Encíclica *Mater et magistra* de Juan XXIII donde pide la "socialización moderada". Asesinan a Lumumba. Rusia empieza a construir	Albert Sabin, médico americano, desarrolla una vacuna contra la polio hecha de virus vivos atenuados, que se puede administrar por vía oral, a	

184

Año	Hechos históricos	Hechos científicos	Vida de Favaloro
	el Muro de Berlín. Kennedy lanza la "Alianza para el progreso" en Punta del Este, lo enfrenta Che Guevara. Alfredo Palacios es elegido senador por la Capital. *La dolce vita* triunfa en Cannes. Mueren Ernest Hemingway, Marilyn Monroe y Enrique Larreta.	diferencia de la Salk, hecha de virus muertos y de administración intradérmica. Aparece el Valium, Diacepan.	
1962	Acuerdo entre Khrushev y Kennedy. Juan Bosch es elegido presidente de la República Dominicana. Enfrentamiento entre chinos y rusos. Francia reconoce la independencia de Argelia. Enfrentamiento entre azules y colorados. Desaparece el obrero metalúrgico Felipe Vallese. Cae Frondizi, asume José María Guido.	Aparece la fotografía instantánea color Polaroid.	Parte a la Cleveland Clinic de Ohio, Estados Unidos, donde se especializa en cirugía torácica y cardiovascular. Comienza a trabajar en técnicas de revascularización coronaria directa.
1963	Asesinato de John F. Kennedy en Dallas. En Chipre se reanuda la lucha entre turcos y griegos. En Londres es robado un tren correo. Los Beatles editan *Please, please me*. Asume Arturo Illia. Se estrena *Los pájaros*, de Alfred Hitchcock. Muere Juan XXIII, sube Paulo VI.		
1964	Comienza la guerra entre los Estados Unidos y Vietnam.	Charles Dotter realiza la primera dilatación de una esteno-	

185

Año	Hechos históricos	Hechos científicos	Vida de Favaloro
	Eduardo Frei alcanza la primera magistratura de la Democracia Cristiana en América. Se lo destituye a Nikita Khrushev. Nelson Mandela condenado a prisión perpetua en Sudáfrica. Johnson gana las elecciones en los Estados Unidos. Martin Luther King premio Nobel de la paz. Muere Nehru en la India.	sis arterial acuñando el término "angioplastia". Se propone al Quark como partícula fundamental de la materia.	
1965	Se congelan las relaciones entre China y la URSS. Asesinan a Malcolm X. Cae Ben Bella, líder argelino. Desaparece públicamente Che Guevara. Nace James Bond. El coronel Jorge Leal llega al Polo Sur. Ernesto Sabato publica *Sobre héroes y tumbas*. Muere Winston Churchill.		
1966	Sube en la India Indira Gandhi. Abdel Areff, líder del Irak, muere en medio del desierto. Golpe de Onganía en la Argentina. Rusia busca conciliar con China. Mao anuncia la revolución cultural china. La "Noche de los bastones largos" en la UBA. Horacio Accavallo campeón mundial de boxeo.		

Año	Hechos históricos	Hechos científicos	Vida de Favaloro
1967	Asesinato de Che Guevara en Bolivia. Anastasio Somoza presidente de Nicaragua. Guerra de los Seis Días entre Israel y Siria. Muhammad Ali rechaza ir al ejército. Luis Franco publica *Pequeño diccionario de la desobediencia*. Se publica *Cien años de soledad*, de Gabriel García Márquez.	**El Dr. René Favaloro realiza el primer by-pass aortocoronario.** Primer transplante de un corazón humano realizado por el Dr. Christian Barnard a Louis Washkansky, quien sobrevivió con el implante 18 días. Primer reloj electrónico de cuarzo. Aparece la Tomografía Axial Computada; su creador, Godfrey Hounsfield, recibió el premio Nobel.	9 de mayo: Primera cirugía programada de by-pass aorto-coronario con vena safena realizado a una mujer de 51 años con oclusión total del tercio proximal de la arteria coronaria derecha.
1968	Mayo Francés. Asesinan a Robert Kennedy y a Martin Luther King. Golpe de Torrijos en Panamá. Incidente entre Corea y Estados Unidos. Foco guerrillero en Tucumán. Los Beatles en la India. Nicolino Locche campeón mundial de boxeo.	Primer transplante cardíaco exitoso en EE.UU. realizado por Denton Cooley a un hombre de 47 años, quien sobrevivió 204 días.	Primera cirugía de revascularización durante un infarto agudo de miocardio. American College of Surgeons: certificado al mérito.
1969	Neil Armstrong, primer hombre en la luna. Liberación homosexual en Nueva York. Feria de música y arte en Woodstock. Golda Meir primera ministra en Israel. Muere Margarita Xirgu. El Cordobazo en la Argentina. Mueren Theodor Adorno y Ho Chi Minh.	Primer implante de corazón artificial total (Jarvik). Aparece el analgésico ibuprofeno. Primera red de computadoras: Arpanet.	Ohio State Medical Association: medalla de oro. American Medical Association: certificado al mérito. American College of Cardiology: governor's award.

Año	Hechos históricos	Hechos científicos	Vida de Favaloro
1970	Salvador Allende presidente en Chile. Septiembre negro en Medio Oriente. Es asesinado Pedro Aramburu. Carlos Monzón campeón del mundo de box al derrotar a Nino Benvenutti. Brasil tricampeón del mundo de fútbol con Pelé. Mueren Charles de Gaulle, Leopoldo Marechal y Bertrand Russell.	Luis Federico Leloir, premio Nobel de química por su descubrimiento de los n nucleótidos del azúcar y su función en la biosíntesis de hidratos de carbono.	Ohio State Medical Association: medalla de oro. American Medical Association: mención honoraria. Publica *Surgical Treatment of Coronary Arteroesclerosis* (Williams & Wilkins, Baltimore, U.S.A.).
1971	Misiones a Marte de la NASA. Juicios por la guerra de Vietnam. Es destituido el presidente Levingston, asume el general Lanusse. Premio Nobel de literatura a Pablo Neruda. Se estrena *La naranja mecánica*, de Stanley Kubrick. Muere Louis Armstrong.	La revolución del microprocesador.	Regresa a la Argentina. Es director del Departamento Cardiovascular del Sanatorio Güemes.
1972	Nixon viaja a China. Tragedia en las olimpíadas de Munich. Sadat expulsa a los soviéticos de Egipto. Escándalo Watergate. Bobby Fischer derrota a Spassky y es nuevo campeón mundial de ajedrez. Primeras acciones del ERP-FAR y Montoneros. Son asesinados en Trelew 15 detenidos. Juan D. Perón regresa a la Argentina. Muere Maurice Chevalier.		

188

Año	Hechos históricos	Hechos científicos	Vida de Favaloro
1973	Cámpora asume la presidencia en la Argentina. Golpe de Estado de Pinochet en Chile, asesinan a Salvador Allende. La guerra de Yom Kippur en Medio Oriente. Fin de la monarquía griega. Estados Unidos: el derecho al aborto. Se separa Sui Generis. Mueren John Ford, Pau Casals, Pablo Picasso y Pablo Neruda.	Desarrollo de la clonación de ADN (Boyer y Cohen). A partir de esto, se crea insulina sintética para el tratamiento de la diabetes, una sustancia que disuelve trombos en víctimas de un ataque cardíaco, hormonas de crecimiento para niños con trastornos del desarrollo.	Se publica en castellano *Tratamiento quirúrgico de la arteriosclerosis coronaria* (Intermédica Editorial, Buenos Aires).
1974	Nueva teoría sobre los agujeros negros. La India prueba una bomba nuclear. Tregua árabe-israelí. Guerrilla en Colombia. Nace la calculadora de bolsillo. Censuran a Solzhenitsyn. Es asesinado el sacerdote Mujica. Sergio Renán filma *La tregua*. Muere Juan Domingo Perón.	Se patenta la Resonancia Magnética Nuclear creada por un médico americano: Raymond Donadío. Aparece el procedimiento de ADN recombinante. Se descubre el Australopithecus Afarensis –Lucy–, ancestro más remoto del ser humano.	Doctor *Honoris Causa* de la Universidad Católica de Córdoba.
1975	Finaliza la dictadura de Franco, Juan Carlos I es Rey de España. Premio Nobel de la paz al físico disidente Andrei Sajarov. Fin del imperio portugués. Guerra en El Líbano. Actúan las Brigadas Rojas y el IRA. El gobierno justicialista continúa reprimiendo desde las Tres A. José López Rega abandona el país. Muere Chiang Kai-Shek. En España se abren el diario *El País* y *Cambio 16*.		Crea la Fundación que lleva su nombre para fomentar la investigación y la docencia. Profesor Visitante de la Universidad de Toronto, Canadá.

Año	Hechos históricos	Hechos científicos	Vida de Favaloro
1976	Triunfan los separatistas en Canadá. Golpe de Estado en la Argentina, asume el general Jorge Videla. Es ultimado Mario Roberto Santucho. Mueren Mao Tse Tung, Ágata Christie y Man Ray.	Aparece el Atenolol, droga beta-bloqueante. Se identifica la enfermedad de los Legionarios.	Presidente del Capítulo Latinoamericano de PAMA (Pan American Medical Association) en Cirugía Cardiovascular.
1977	Surgen las Madres de Plaza de Mayo. Jimmy Carter presidente de los Estados Unidos. Golpe del general Zia en Pakistán. Estados Unidos cede el canal de Panamá. Se estrena *La guerra de las galaxias,* de George Lucas. Mueren Elvis Presley, Charles Chaplin, Jacques Prevert y Roberto Rossellini.	Primer implante de una prótesis valvular "bi-leaflet" (bi-valva) St. Jude. Primera angioplastia coronaria por balón realizada por Andreas Gruntzig. La O.M.S. declara erradicada la viruela. Comienza a utilizarse la Resonancia Magnética. Bomba de neutrones.	Huésped de Honor del Congreso Internacional de Cirugía Cardiovascular, Atenas, Grecia. Miembro del Consejo Editorial de Clinical Cardiology (1977-1996). Profesor Titular Extraordinario de Cirugía Cardíaca, Universidad del Salvador, Buenos Aires . Miembro Titular de la Academia Nacional de Ciencias.
1978	Juan Pablo I es sucedido por Juan Pablo II. Medio Oriente: acuerdo de Camp David. Golpe comunista en Afganistán. Genocidio en Camboya. Argentina campeón mundial de fútbol. La revolución punk con Sid Vicious. Es asesinado Aldo Moro. Premio Nobel de literatura a Isaac Singer.	Primer bebé de probeta. Hallazgo de una huella fósil de 3.6 millones de años, que sugiere que los homínidos caminaban erguidos.	Medalla de Oro otorgada por la Sociedad Argentina de Cardiología. Profesor titular de cirugía cardíaca de la Universidad del Salvador.

Año	Hechos históricos	Hechos científicos	Vida de Favaloro
1979	Thatcher primer ministro de Gran Bretaña. Invasión soviética a Afganistán. Éxodo judío en la Unión Soviética. Negociaciones por el Beagle. Nobel de la paz a la madre Teresa de Calcuta. Mueren Victoria Ocampo y Marcuse.		Premio John Scott otorgado por la ciudad de Filadelfia, Estados Unidos. Miembro del Consejo de Edición de JAMA (Journal of the American Medical Association) en español. Miembro del Comité de Redacción de *International Journal of Cardiology*.
1980	Adolfo Pérez Esquivel, premio Nobel de la paz por su trabajo en defensa de los derechos humanos basándose exclusivamente en medios no violentos a través de la organización Paz y Justicia para América Latina, desde 1974. Walesa es el nuevo líder en Polonia. Crisis de los rehenes en Irán. Escuadrones de la muerte en El Salvador. Aparece el D.O.S., programa operativo de Microsoft. Martin Scorsese estrena *Toro salvaje*. Asesinan a Lennon en Nueva York. Primera transmisión de TV en colores en la Argentina. Mueren Henry Miller, Tito, Alfred Hitchcock y Jean Paul Sartre.		Crea el Laboratorio de Investigación Básica de la Fundación. Doctor *Honoris Causa* de la Universidad de Tel Aviv, Israel, donde se crea la cátedra de Cirugía Cardiovascular que lleva su nombre. Publica *Recuerdos de un médico rural* (SDDRA, Buenos Aires).

Año	Hechos históricos	Hechos científicos	Vida de Favaloro
1981	Triunfo de Mitterrand en Francia. La boda de Carlos y Lady Di. Golpe fallido en España: el Tejerazo. Aparece la computadora personal (PC), surge Internet. Asume como presidente el general Roberto Viola y lo sucede Leopoldo F. Galtieri. Mueren Ricardo Balbín, Antonio Berni y René Clair.	Se identifica el Síndrome de Inmunodeficiencia adquirida — SIDA. Se tratan con piel artificial las quemaduras de tercer grado.	Director del Consejo de Cirugía Cardíaca de la Sociedad Argentina de Cardiología.
1982	Guerra de las Islas Malvinas. Asume como presidente Reynaldo Bignone. Israel invade El Líbano. Boda masiva de la secta Moon. Surge Michael Jackson. Mueren Ingrid Bergman, Ramón Sender, Henry Fonda y Jacques Tati.	Primer implante de un corazón artificial total (Jarvik-7) en el Hospital General de Massachusetts. El paciente, un dentista de 62 años, vivió con el implante 112 días.	Lo distingue la Fundación Conchita Rábago de Jiménez Díaz de Madrid. Miembro del Comité de Honor del IV Congreso de la *Michael E. Debakey International Cardiovascular Society.*
1983	Regresa la democracia a la Argentina, Raúl Alfonsín presidente. Se crea la CONADEP. Estados Unidos invade Granada y abandona la UNESCO. Mueren Luis Buñuel, Tennessee Williams y Arturo Illia.		Consultante Honorario de la V Cátedra de Cirugía de la Universidad de Buenos Aires. Consultante Honorario, Hospital Israelita de Buenos Aires.
1984	Fin de la dictadura uruguaya, es liberado el general Líber Seregni. Se descubre que la CIA minó los puertos de Nicaragua. Nube venenosa en la India.	Cesar Milstein, premio Nobel de medicina por el desarrollo de la técnica de hibridación para la producción de anticuerpos monoclonales en for-	Miembro de la Comisión Nacional sobre la Desaparición de Personas -CONADEP-, Buenos Aires (enero a julio de 1984).

Año	Hechos históricos	Hechos científicos	Vida de Favaloro
	Asesinato de Indira Gandhi. Mueren Johnny Weissmuller, Julio Cortázar y Vicente Aleixandre.	ma ilimitada y que pueden penetrar las células tumorales.	
1985	Daniel Ortega es presidente de Nicaragua. En la Unión Soviética asume Gorbachov. Terremotos en México y Colombia. En Bolivia, Colombia y Perú aumenta la producción de cocaína. Hallan los restos del Titanic. El SIDA afecta a Rock Hudson. Juicio a las Juntas del Proceso. Mueren Orson Welles y Marc Chagall.	Agujero en la capa de ozono.	
1986	El desastre de Chernobyl. Es asesinado Olof Palme, primer ministro sueco. Ataque de Estados Unidos a Libia. Se aprueba la ley de Punto Final. A poco de su lanzamiento, estalla el transbordador Challenger. Argentina campeón mundial de fútbol por segunda vez, en México. Oscar para La historia oficial, de Luis Puenzo. Mueren Juan Rulfo, Jorge Luis Borges, Jean Genet y Henry Moore.	Se crea un superconductor de alta temperatura.	Publica ¿Conoce usted a San Martín? (Torres Agüero Editor, Buenos Aires). Premio Maestro de la Medicina Argentina. Miembro Honorario del Simposio Internacional sobre Órganos Artificiales, Ingeniería Biomédica y Trasplante, Salt Lake City, Estados Unidos.
1987	Rebelión en Semana Santa. Juan Pablo II visita por segunda vez el país. Es juzgado Klaus Barbie, el "carnicero de Lyon".	Se utilizan pruebas con ADN para resolver crímenes.	Premiado por la Cleveland Clinic Foundation: "Distinguished Alumnus Award". Obtiene The Gaird-

Año	Hechos históricos	Hechos científicos	Vida de Favaloro
	Juicio a la mafia en Italia. Mueren Andy Warhol, Fred Astaire y Luis F. Leloir.		ner Foundation International Award (Toronto, Canadá).
1988	Fin de la guerra entre Irán e Irak. Salinas de Gortari gana las elecciones en México. Sentencian a muerte a Salman Rushdie. Yasser Arafat reconoce el Estado de Israel. Asesinan al sindicalista brasileño Mendes Filho. Auge del fax. Mueren Alberto Olmedo, Beatriz Guido y Enzo Ferrari.	Aparece el Prozac para el tratamiento de la depresión.	Profesor visitante de la Sociedad Cardiovascular, Ponce, Puerto Rico (1988). Miembro Fundador de la Sociedad de Cirugía Torácica y Cardiovascular de Japón.
1989	Se derrumba el Muro de Berlín. Caen Noriega en Panamá, y Stroessner en Paraguay. Reformas en el Este europeo. Sucesos de Tiananmen. Grave derrame de petróleo en Alaska. Asume Carlos S. Menem como presidente. Mueren Khomeini, Laurence Olivier, Salvador Dalí y Samuel Beckett.		Recibe el premio René Leriche otorgado por la Sociedad Internacional de Cirugía.
1990	Reunificación alemana. Es liberado Nelson Mandela. Primeras elecciones libres en Rumania. Fin de la era Thatcher en Gran Bretaña. Invasión de Kuwait. Menem indulta a los jefes militares del Proceso. Éxito mundial de Los Tres Tenores.	Telescopio espacial Hubble.	Miembro del Consejo Superior Académico de la Universidad de Ciencias Empresariales y Sociales (UCES).

Año	Hechos históricos	Hechos científicos	Vida de Favaloro
	Mueren Dámaso Alonso, Greta Garbo y Ava Gardner.		
1991	Caída de la Unión Soviética. La guerra del Golfo Pérsico. Disolución y guerra civil en Yugoslavia. Independencia de Estonia, Letonia y Lituania. Crece el Cartel de Medellín. Mueren Frank Capra, Margot Fonteyn, Ives Montand y Vasco Pratolini.		Publica *La memoria de Guayaquil* (Torres Agüero Editor, Buenos Aires). Miembro del Consejo Internacional de la Fundación Khorakiwala para la Investigación, y del Instituto del Corazón, Bombay, India.
1992	Autogolpe de Fujimori en Perú. Bill Clinton presidente en Estados Unidos. Sitio de Sarajevo. Crisis en África. Somalia. Premio Nobel de la paz para Rigoberta Menchú. Atentado en la Embajada de Israel en Buenos Aires. Mueren Marlene Dietrich, Astor Piazzolla, Atahualpa Yupanqui y Néstor Almendros.		Abre sus puertas el Instituto de Cardiología y Cirugía Cardiovascular de la Fundación Favaloro. *Gifted Teacher Award* otorgado por el Colegio Americano de Cardiología. El diario *New York Times* lo declara "Héroe Mundial de la Medicina", por haber cambiado parte de la medicina moderna y revolucionar la medicina cardíaca. Publica *De La Pampa a los Estados Unidos* (Editorial Sudamericana, Buenos Aires). Nueva edición de *Recuerdos de un médico rural* (To-

Año	Hechos históricos	Hechos científicos	Vida de Favaloro
			rres Agüero Editor, Buenos Aires).
1993	Nacen la República Checa y la de Eslovaquia. Acuerdo de paz entre israelíes y palestinos. El *boom* de Internet. Se firma el "Pacto de Olivos". Mueren Federico Fellini, Audrey Hepburn y Mario Moreno, "Cantinflas".	Legalización de la eutanasia en Holanda.	Recibe el premio Konex de Brillante y el *Golden Plate Award* otorgado por la American Academy of Achievement. Miembro activo y fundador de la Sociedad de Cardiocirujanos de España. Doctor *Honoris Causa* de la Universidad Nacional "Pedro Henríquez Ureña", Santo Domingo, Rep. Dominicana. Invitado especial durante el Simposio Internacional "20 Años de la Cirugía Cardíaca en el Nuevo Centro Médico Universitario", Amalfi, Italia, organizado por la Universidad de Nápoles, Facultad de Medicina, Departamento de Cardiología y Cirugía Cardiovascular. Dictó la conferencia magistral.
1994	Elecciones interraciales en Sudáfrica, Nelson Mandela presidente. Rebelión en Chiapas, México. Corea: conflicto nuclear. Se termina el túnel del Canal de la Mancha.		Publica *The challenging dream of Heart surgery* (Little, Brown and Company, Boston, traducción de *De La Pampa a los Estados Unidos*).

Año	Hechos históricos	Hechos científicos	Vida de Favaloro
	Reforma de la Constitución Argentina. Atentado a la AMIA en Buenos Aires. Mueren Raúl Soldi, Melina Mercury, Fernando Rey y Eugène Ionesco.		Publica *Don Pedro y la Educación* (Centro Editor de la Fundación Favaloro, Buenos Aires).
1995	Cincuentenario de la ONU. Se firma la paz en Bosnia. Elecciones en Argelia. Surge el Windows 95, nuevo sistema de Microsoft. Carlos Menem es reelecto como presidente. Mueren Juan Manuel Fangio, Arturo Frondizi, Hugo Pratt y Carlos Monzón.	Se utiliza por primera vez un sustituto de la sangre en cirugía cardíaca. La nave Atlantis se une a la estación rusa MIR.	Invitado a la sesión "Historia de la cirugía cardiovascular" durante el 44° Encuentro Científico Anual del American College of Cardiology que se llevó a cabo en Nueva Orleans. Dictó la conferencia "Coronary Artery Bypass Grafting". Compartió la mesa con los doctores Walton Lillehei, John W. Kirklin, Albert Starr y Denton Cooley.
1996	Elecciones generales en España: José María Aznar presidente. Autonomía de la ciudad de Buenos Aires. Finaliza la guerra de Chechenia. Centenario de los Juegos Olímpicos en Atlanta, Estados Unidos. Mueren Marcello Mastroianni, Tato Bores, François Mitterrand, Marguerite Duras y Gene Kelly.	Aparece la insulina de corta duración (Humolog) para el tratamiento de la diabetes. Aumenta la epidemia del SIDA.	Presidente honorario del VI Congreso Mundial de Rehabilitación Cardíaca, donde dictó la conferencia inaugural, "Rehabilitación cardíaca. Sus implicancias sociales". Miembro del Consejo Asesor de la Fundación Einthoven, Leiden, Holanda.

Año	Hechos históricos	Hechos científicos	Vida de Favaloro
1997	Son enterrados los restos del Che en Cuba. México: masacre en Chiapas. Destituyen a Bucaram en Ecuador. En Gran Bretaña, Tony Blair es el primer ministro más joven. La supercomputadora Deep Blue le gana a Kasparov. Hong Kong retorna a China. Asesinato de José Luis Cabezas. Premio Nobel de literatura a Darío Fo. Mueren Fernando Ayala, la madre Teresa de Calcuta, Osvaldo Soriano, Lady Di y James Stewart.	Aparece el Sildenafil–Viagra de Pfizer para el tratamiento de la impotencia sexual. En Escocia nace Dolly, la primera oveja clonada de una célula adulta.	Incluido en el "1997 Medical Hall of Fame" de la comunidad médica de Cleveland, EE.UU. Homenaje de la Cleveland Magazine a los profesionales que marcaron un hito en la medicina a lo largo de los 200 años de historia de la Ciudad de Cleveland. Medalla en homenaje a los nombres más sobresalientes de la cardiología argentina al cumplirse los 60 años de la Sociedad Argentina de Cardiología.
1998	Crisis financiera en la Argentina. El Papa Juan Pablo II llega a Cuba. Se suicida Alfredo Yabrán. El hambre provoca estragos en Sudán. Yugoslavia: guerra en Kosovo. Ensayos nucleares de India y Pakistán. Mueren François Lyotard, Octavio Paz y Frank Sinatra.		Crea la Universidad Favaloro. Encuentro anual de la American Heart Association. Dicta la Paul D. White International Lecture con el nombre "Panorama de la práctica actual de la medicina y de nuestra sociedad" (Dallas, Estados Unidos). Fallece su esposa.
1999	Asume la presidencia Fernando de la Rúa. Introducción del Euro. Chávez presidente en Venezuela. Macao, última posesión colonial portuguesa, pasa a China. Termina la crisis de Kosovo.		Premio Príncipe Mahidol, otorgado por Su Majestad el Rey de Tailandia (Bangkok, Tailandia). Conferencia internacional "La salud del corazón

Año	Hechos históricos	Hechos científicos	Vida de Favaloro
	Se intensifica el conflicto en Chechenia. La OTAN ataca Serbia. Vuelo egipcio se estrella en el Atlántico, 217 muertos. Mueren John F. Kennedy (h) y Jacobo Timerman.		con miras al nuevo milenio desde la perspectiva de un cirujano cardiovascular" (Nueva Delhi, India).
2000	El Papa visita Jerusalén. Vicente Fox presidente de México, cae el PRI. Vladimir Putin, nuevo presidente ruso. George Bush (h) nuevo presidente de Estados Unidos. Fujimori renuncia en Perú y huye a Japón. Juicio contra Pinochet en Chile. Se estrella el submarino ruso Kursk. En junio muere en un accidente el cantante Rodrigo. En octubre renuncia el vicepresidente Carlos "Chacho" Álvarez. El 29 de julio se quita la vida el doctor René G. Favaloro.	Anuncian que se completó el mapa del genoma humano. Se trata de uno de los hechos científicos más importantes.	En febrero fue seleccionado como una de las cinco figuras más salientes de la medicina cardiovascular al ser considerado "una de las leyendas del milenio" durante una reunión realizada en Boca Ratón, Florida (EE.UU.). Su nombre aparece junto al de los mejores cardiocirujanos del mundo como Michael Debakey y Denton Cooley. En esa ocasión el Dr. René Favaloro presenta por primera vez el trabajo sobre angiogénesis como método de revascularización miocárdica. Junio 22: en una carta al subdirector de *La Nación* destaca "...cómo se me trata en el mundo en contraste con lo que sucede en mi país. Me refiero a aquellos vinculados al quehacer médico. La mayoría de las veces un empleado de

Año	Hechos históricos	Hechos científicos	Vida de Favaloro
			muy baja categoría de una obra social gubernamental o no o de PAMI ni contesta mis llamados." "...En este último tiempo me he transformado en un mendigo. Mi tarea es llamar, llamar y golpear puertas para recaudar algún dinero que nos permita seguir con nuestra tarea...". El 29 de julio se quita la vida.

En este cuadro figuran los hechos más destacados en la vida del doctor René G. Favaloro. Fue además miembro activo de veintiséis sociedades médicas, correspondiente de cuatro y honorario de cuarenta y tres. Profesor honorario y doctor honoris causa de diez universidades nacionales y extranjeras. Miembro de las sociedades de cardiología de Ecuador, Perú, Bolivia, Panamá, México, Colombia, Uruguay, Argentina, República Dominicana, Chile; de la Sociedad Argentina de Bioingeniería y la Florida Society of Thoracic Cardiovascular Surgeons (EE.UU.).

Para compaginar los datos de descubrimientos médicos y científicos conté con la colaboración del doctor Mario Racki. La síntesis de los principales hechos históricos y biográficos, para la que fueron consultadas diversas fuentes, la realicé con Emiliano y Lisandro, mis hijos. A todos ellos, mi agradecimiento.

Esta edición de 4.000 ejemplares
se terminó de imprimir en
Indugraf S.A.,
Sánchez de Loria 2251, Buenos Aires,
en el mes de julio de 2003.

www.indugraf.com.ar